GOLDMANN
ESOTERIK

*Buch*

In diesem Buch wird indianische Welterfahrung lebendig. Es ist der persönliche Bericht einer weißen Frau, die den Weg der Heiligen Pfeife geht, die ohne falsche Romantik die überlieferten Zeremonien aus eigener Erfahrung beschreibt und uns ihre Einweihung in die kosmische Welt indianischen Geistes miterleben läßt. Dieser Bericht ist ehrlich und authentisch und eröffnet dem Leser ein neues Verständnis der heutigen traditionellen Indianer. Er ist zugleich die Einführung in eine neue, und doch so vertraute Form spiritueller Weiblichkeit, wie sie von den indianischen Stämmen seit Jahrtausenden praktiziert wurde. Als er 1980 zum ersten Mal in deutscher Sprache erschien, wurde er sofort zu einem Klassiker der neuen Indianer-Literatur. Dieses seit Jahren vergriffene Buch wird hier in einer vom Übersetzer überarbeiteten Neuausgabe vorgelegt.

*Autorin*

Evelyn Eaton lebte als weiße amerikanische Schriftstellerin indianischer Abkunft seit 1965 mit verschiedenen Stämmen. Sie setzte sich zum Ziel, dem Weißen einen neuen Zugang zur eigenen Spiritualität zu zeigen, indem sie die indianischen Rituale der Schwitzhütte, des Fastens, des Tanzes und der Pfeife für uns beschreibt und verständlich macht. Sie starb 1984 als eine der Lehrerinnen des von Sun Bear gegründeten Bären-Stammes.

Evelyn
EATON

# Ich sende eine Stimme

*Eine weiße Medizinfrau erzählt*

GOLDMANN VERLAG

Aus dem Amerikanischen übertragen von Peter Hübner
Originaltitel: I Send a Voice
Überarbeitete Neuausgabe des 1980 im Verlag Mutter Erde
erschienenen Buches

Der Goldmann Verlag
ist ein Unternehmen der Verlagsgruppe Bertelsmann

Made in Germany · 3/88 · 1. Auflage

Umschlaggestaltung: Design Team München
Umschlagillustration: Design Team München
Satz: Peter Hübner, Waldeck
Druck: Elsnerdruck, Berlin
Verlagsnummer: 11821
Lektorat: Michael Görden
Herstellung: Ludwig Weidenbeck
ISBN 3-442-11821-2

## Vorbemerkung der Verfasserin

Mein Dank gilt der Marsdon Foundation, deren Auszeichnung mir erst ermöglicht hat, die notwendigen Forschungsarbeiten zu diesem Buch anzustellen und meine persönlichen Erfahrungen schriftlich festzuhalten, welche — so hoffe ich — auf dem „Pfad zur Mitte" als Brücke dienen mögen zwischen zwei verschiedenen Wegen.

Dank auch den drei Medizinmännern, Tsaviaya, Power Man und Eagle Man, die ich ebenso wie ihre Familienangehörigen und andere Freunde mit Pseudonymen oder Initialen bedacht habe. Das politische Klima im Land hat sich seit 1965, als ich zum ersten Mal in die Schwitzhütte und andere Zeremonien eingeführt wurde, meine Pfeife erhielt und bis ich bedrängt wurde, dieses Buch zu schreiben, erheblich verändert. Heute glauben manche Indianer, daß es, insbesondere was ihre heiligen Rituale betrifft, notwendig ist, Nicht-Indianern gegenüber als unfreundlich zu gelten.

Wenn wir unter uns sind oder in der Schwitzhütte zusammenkommen, besinnen wir uns im Bewußtsein, daß die Großväter einen Menschen nicht nach seiner Hautfarbe beurteilen, auf die alte freundschaftliche Wärme; aber in der Öffentlichkeit (und ein Buch ist öffentlich) ist das größte Geschenk, das heute im Jahre 1977 ein Nicht-Indianer seinen indianischen Freunden machen kann, eine selbstauferlegte Zurückhaltung. Sollte sich das Klima wieder verändern, werden die Namen der Medizinmänner und derer, die mich zur Niederschrift dieses Buches überredet und mir hilfreich dabei zur Seite gestanden haben, noch aufgedeckt werden können.

Dieses Buch ist keine chronologische Aufzeichnung. Ich habe die Schwitz- und Fastenrituale, die Pfeifenzeremonien, die Tänze und andere Lernerfahrungen jeweils für sich zusammengefaßt, obgleich sie parallel zueinander abliefen. Dieses Buch ist als Geschenk (give away)* an beide Rassen gedacht.

Evelyn Eaton (Mad'ha dyuni)

* Give away: Traditionelle Verteilung von Geschenken gleichermaßen an Fremde und Bekannte bei Anlässen, die einem persönlich wichtig sind.

## Einführung

Ich wurde gebeten, vorliegenden Bericht über die Ausbildung und Arbeit als zeitgenössische Pfeifenfrau aufzuzeichnen, da die Zeit wohl reif dafür ist, diese Pfade jenen zu offenbaren, die bereit sind, sie anzunehmen. Es ist nicht notwendig, Indianer oder auch nur Halb-Indianer zu sein, um persönlich den Weg einer Pfeifenfrau einschlagen zu wollen oder aber sich ausschließlich dem indianischen oder einem anderen Pfad zu widmen, um diese große Reise begreifen und unternehmen zu können.

Viele Wege magst du einschlagen,
sie alle führen zum Licht . . . ,

— angefangen bei den sich deutlich abzeichnenden, vielbeschrittenen Wegen der großen orthodoxen Religionen bis hin zu den kleinen Hinter- und Nebenpfaden der individuellen Annäherung. Irgendwann — wenn die Zeit dafür reif ist — stoßen wir auf diese Wege, kreuzen oder verlassen sie, wachsen darüber hinaus und wandern weiter, um unseren Pfad fortzusetzen.

Das wichtigste ist, es zu WOLLEN. Wenn wir diesen Punkt erreicht haben, wissen wir auch, daß da etwas ist, was wir wirklich wollen, und dann erst begreifen wir, daß es eine Brücke geben muß zwischen dem Wollen und der Erfüllung dieses Wunsches, und so machen wir uns auf, diese Brücke zu entdecken. Wir gehen zu einer weiteren Phase unseres bisherigen Weges über, den wir bewußt oder unbewußt seit Beginn aller Zeiten beschritten haben — und weder die Zeit noch der Weg haben ein Ende.

Der nächste wesentliche Schritt ist, dort anzusetzen, wo du

dich gerade im Moment befindest, ob unter der Dusche, in der Küche, im Büro, in einem Flugzeug, in der Untergrundbahn, in der Wüste, in einer Menschenansammlung oder ganz für dich alleine. Es gibt keinen Grund, nach Tibet, Indien oder zum Gipfel des Mount Shasta zu pilgern. Wir sind jetzt in diesem Augenblick eben dort, wo wir sein sollten.

Das JETZT ist die Unmittelbarkeit, JETZT ist der unsterbliche Augenblick, JETZT ist die Zeit, die uns zur Verfügung steht. Wir können nicht über die Vergangenheit, das ‚Bevor-Jetzt' bestimmen, wohl aber über die Zukunft, das ‚Nach-Jetzt', durch das, was wir tun oder nicht tun, aber JETZT.

Hier am Rande des Großen Medizinrades, dem Mandala der Welt, dessen Mitte überall und dessen Umkreis nirgends ist, lassen wir unser Horn erschallen, senden wir unsere Stimme, schreien das Verlangen unseres ganzen Daseins hinaus — oder wie mir Tsaviaya riet: „Lasse dich dort nieder, wo du gerade bist, und rufe hinaus. Die Großväter hören, aber du mußt bitten."

Wenn unser Bitten aufrichtig ist und aus unserer tiefsten inneren Überzeugung kommt, wird uns der Pfad offenbart werden — Schritt für Schritt. Und so ist es für mich, für dich, für jeden.

# 1

Das JETZT von 1965, das ‚Hier und Jetzt', durch das ich mich gerade bewegte, als sich mir ein neuer Abschnitt des Weges auftat, traf mich mitten in den Vorbereitungen, welche für gewöhnlich einer solchen Phase der Bewußtseinserweiterung vorausgehen.

Heute wie in den Tagen der Geheimbünde tritt der richtig vorbereitete Anwärter der Erleuchtung mit verbundenen Augen an, in einem Zustand der völligen Finsternis und Ungewißheit, dem kurzzeitigen Entzug seiner Sehkraft. Er kommt unbewaffnet und ohne jene Metalle und Wertgegenstände, jene materiellen und immateriellen Güter, auf die wir so viel Wert legen und in denen wir Schutz und Kraft suchen.

Metalle repräsentieren unter anderem die sieben Todsünden — für uns sind es inzwischen mehr als sieben, wenn wir die neueren Metalle des 20. Jahrhunderts berücksichtigen — Uran, Radium, Plutonium, usw. —, den Mißbrauch der Atomkraft, den Mißbrauch der Schöpfungskraft, neue Verbrechen ungeheuren Ausmaßes gegen das Leben selbst.

Es heißt, daß wir zunächst durch ein aufrichtiges Bekenntnis zu dieser Reise in unseren Herzen bereit sein müssen und uns dann von Machtstreben, Stolz, Gier und anderen Hindernissen befreien, bevor wir von uns behaupten können, richtig vorbereitet zu sein. Es geht weniger darum, uns von den materiellen Besitztümern loszusagen, als von unserer Abhängigkeit von diesen Dingen, sondern geistig, manchmal auch äußerlich, zur Unschuld zurückzukehren. Wir müssen unsere Leidenschaften gemeistert haben oder es zumindest versuchen, besonders unseren Drang, Macht auszuüben. Wir müssen ‚geistig arm werden', unabhängig von den materiellen Dingen der Welt.

Die Notwendigkeit, sich frei zu machen von jeglicher

Abhängigkeit von Metallen, Wertgegenständen und allem, was sie repräsentieren, erweist sich an jeder neuen Biegung des Weges. Unentwegt werden wir angehalten, unsere Freiheit zu beweisen, und wenn wir nicht in der Lage sind, die Herausforderer zufriedenzustellen, indem wir uns richtig vorbereiten, wird das Leben, der große Initiator, seine Herausforderung so lange wiederholen, bis wir in der Lage sind, die Prüfungen zu bestehen.

Dies heißt natürlich nicht, daß wir notwendigerweise plötzlich ohne finanzielle Mittel, ohne Nahrung oder Arbeit und Unterkunft dastehen müssen, bloß weil wir das Licht suchen — es sei denn, solche scheinbaren Unglücke werden notwendig, um unsere Abhängigkeit von diesseitigen, materiellen Kräften zu sprengen. Die Vorbereitung ist symbolisch und betrifft den Bewußtseinszustand zur Zeit unserer Suche, obgleich es auch, wie es in meinem Fall zutraf, mit der äußeren Realität übereinstimmen kann.

Im Jahr 1965, als dieser Pfad für mich seinen Anfang nahm, lebte ich in der Wüste von Kalifornien zwischen zwei Bergketten in einer ärmlichen Hütte. Sie war 1915 von einem alten Minenarbeiter erbaut worden und hatte weder Strom noch fließendes Wasser. Es gab kein Telefon, kein Bad, nur zwei Gashähne und einen Gasherd auf der einen Seite der Hütte und Holz und Abfall auf der anderen. Vor dem Eingang lief ein Bach vorbei, der künstlich geregelt wurde — und so kam es, daß er manchmal völlig versiegt war, wenn ich vor meine Hütte trat, jedoch nachts manchmal laut singend an meinem Fenster vorbeiplätscherte. An seinen Ufern wuchsen alte Johannisbrotbäume, deren Duft im Frühjahr die Luft erfüllte und die im Sommer wohltuenden Schatten spendeten und das Grundstück vor der allzu nahen Straße abschirmten. In früheren Tagen, zu Zeiten des Minenarbeiters, war dies ein nur selten benutzter Pfad in die Berge gewesen, zu meinen Zeiten war es eine asphaltierte, vielbefahrene Schnellstraße.

Das Haus war mit allerlei Gerümpel, das ich zum größten Teil von der Müllhalde zusammengeklaubt hatte, nur ärmlich ausgestattet. Ich hatte meine Ersparnisse — 375 Dollar — völlig aufgebraucht, um die Hütte zu kaufen. Ich besaß außerdem ein altes Auto und geliehene 600 Dollar, von denen ich ein Jahr leben wollte. Zu manchen Zeiten gab es nur wenig zu essen, aber ich hielt mir einen Bantam-Gockel und zwei Hennen, die mir jeden Tag ein Ei bescherten. In einem Beet hinter dem Haus baute ich Gemüse an, ich sammelte wilden Spargel, Löwenzahn, Wildgemüse und andere eßbare Pflanzen, die mir die Indianer gezeigt hatten.

Es kamen auch Leute zu mir, die meine Hilfe brauchten, um ein amtliches Formular auszufüllen, mit dem sie sich nicht zurechtfanden, um ein Schriftstück tippen oder um Verletzungen kleinerer Art behandeln zu lassen. Sie brachten mir als Gegenleistung für meine Hilfe manchmal Nahrungsmittel mit. Im großen und ganzen war es eine Zeit äußerlichen Mangels, der zwei Jahre vorher, plötzlich und unerwartet über mich hereingebrochen war. Ich hatte damals sowohl meinen Arbeitsplatz als auch meine körperliche Gesundheit verloren, und doch war es eine Zeit der inneren Klarheit und des seelischen Wachstums, eine Zeit der Vorbereitungen.

Oftmals erkennen wir solche Zeiten nicht als das, was sie wirklich sind, bis die Erfahrung, auf die wir vorbereitet werden sollen, bereits im Gange ist. Auch ich habe damals in meiner dreidimensionalen Welt, in der ich mich unentwegt auf der Suche nach der Lösung in meinen eigenen ängstlichen Kreisen drehte, nicht begriffen, aber manchmal erinnerte ich mich wohl, daß all meine Bedürfnisse stets durch die Fülle der unerschöpflichen göttlichen Quellen befriedigt wurden, und ging getrost hinaus, um die Hühner zu füttern und mir mein morgendliches Ei zu holen.

Als ich eines Tages mit meinem kleinen braunen Geschenk zum Haus zurückging, bemerkte ich einen Kleinlaster, der über die kleine Holzbrücke fuhr, die meine einzige Verbindung zur Außenwelt darstellte. Eine dicke alte Frau kletterte mühsam heraus, sie hielt ein Stück Papier in den Händen. Ich seufzte. Sie war schon einmal dagewesen, und ich wußte, daß ich den Vormittag vergessen konnte, für den ich eigentlich andere Pläne hatte. Ich hatte auch nichts im Haus, was ich ihr hätte anbieten können, als eben dieses eine Ei und einen halben Laib alten Brotes. Aber ich konnte ihr ja einen Bergtee kochen und ihr meine Aufmerksamkeit schenken, und so nahm ich mich zusammen und ging ihr freundlich lächelnd entgegen, eingedenk dessen, was Menschen meiner Hautfarbe ihresgleichen schuldig sind.

Als sie es sich mit einer Tasse Tee in dem einzig sicheren Stuhl bequem gemacht hatte und die Begrüßungshöflichkeiten ausgetauscht waren, brachte sie ihr Anliegen vor. Sie hatte ihren Arbeitsplatz gekündigt und wollte nun für die Zeit, in der sie sich nach einer anderen Stelle umsah, Arbeitslosenunterstützung beantragen. Die ‚Leute beim Amt' hatten ihr jedoch gesagt, daß sie dazu nicht berechtigt sei.

„Warum nicht, Rosella?"

„Weil ich selbst gekündigt habe. Ich muß dazu einen guten Grund haben, sagen sie. Ich hab' ihnen gesagt, ich hätte einen guten Grund!" Sie blinzelte mich wütend an. „Schließlich haben sie mir diesen Zettel gegeben. Und deshalb bin ich hier."

„Und was ist wirklich passiert?"

Während sie erzählte, tranken wir unseren Tee und aßen das restliche Brot dazu.

Sie hatte für einen Mann gearbeitet, dessen schlechter Ruf selbst bis zu mir vorgedrungen war. Er besaß ein drittklassiges Speiselokal am Rande der nächsten Stadt. An jenem besagten Morgen machte Rosella gerade den Kühlschrank sauber, als er sie in den Hof hinausrief, um einen Haufen Müll wegzubringen. Sie hatte nur noch ein Fach auszuwischen und wollte diese Arbeit erst zu Ende bringen, solange das Wasser noch heiß war. Plötzlich kam er jedoch in die Küche gestürzt und schrie: „Wenn ich dir etwas auftrage, dann bewege gefälligst deinen fetten schwarzen Arsch und mach's!" Er versetzte ihr noch einen Klaps mit der Zeitung, die er gerade in der Hand hielt und ging wieder hinaus. Rosella dachte einen Moment lang nach, legte ihre Schürze ab, packte ihre Sachen zusammen und ging.

„Gut so!“ sagte ich. „Und hast du ihnen das erzählt?“

„Solche Ausdrücke nehme ich ungern in den Mund.“

Nein, dachte ich, besonders nicht im Umgang mit einer weißen Amtsperson.

„Hast du ihnen erzählt, daß er dich geschlagen hat?“

„Nein, ich habe ihnen nur gesagt, daß ich guten Grund hätte, so wie sie's verlangt haben.“

„Na gut, dann wollen wir mal das Formular ausfüllen.“

Das Ausfüllen beanspruchte den Rest des Vormittags. Als wir zu dem Absatz kamen, der besonders hervorgehoben war und in dem verlangt wurde, daß der ‚Antragsteller einen berechtigten Kündigungsgrund nachweisen‘ muß, schrieb ich: „Der Arbeitgeber bediente sich obszöner und beleidigender Ausdrücke und schlug die Angestellte willentlich mit einer Zeitungsrolle.“ Ich fügte hinzu: „Die Antragstellerin ist mir persönlich bekannt als ein angesehenes Mitglied ihrer Gemeinde. Sie hat einen guten Leumund. Ich schlage vor, daß man den Leumund dieses Arbeitgebers überprüft und seinen Namen von der Liste empfohlener Arbeitgeber streicht, um weitere Zwischenfälle dieser Art zu vermeiden, die der Aufsicht Ihres Amtes entgehen könnten.“

„Gut“, sagte ich, „das schicken wir jetzt mit der Post ab, und wenn sie dich zu einer neuen Besprechung bitten, dann werde ich dich begleiten, um ihnen alles zu erklären.“ Sie dankte mir, und wir unterhielten uns noch eine Weile über Kräuter und Hühner. Dann begleitete ich sie zur Brücke, was mir erhebliche Mühe bereitete, da ich sehr müde war. Auf dem Weg zu ihrem Wagen stolperte ich.

„Wie geht es deinen Beinen?“

„Ach, ganz gut.“

„Du solltest in die Schwitzhütte gehen und dir Hilfe holen.“

Eine Pause entstand.

„Glaubst du an die Schwitzhütte?“ fragte sie dann.

„Ja. Soweit ich sie kenne.“

„Ich werd‘ dich mal mitnehmen.“

„Einverstanden.“

Ich ging zum Haus zurück. Auf dem Tisch lag eine Tafel Schokolade, die sie unbemerkt für mich dagelassen hatte. Ich aß sie dankbar. Mit dem Ei zum Abendessen würde ich bis zu meinem nächsten Einkauf am folgenden Tag schon längskommen. Dann ging ich in Richtung der Berge. Am Flußufer gab es ein Weidendickicht, wo ich manchmal hinging, wenn ich Erholung brauchte. Man kann eine innere Leere und Kraftlosigkeit sehr gut wieder auffüllen, wenn man sich ausgestreckt auf die Erde legt, den Kopf nach Norden. Für gewöhnlich legte ich mich auf den Rücken, das Gesicht zum Himmel. Wenn ich jedoch traurig bin, mich niedergeschlagen oder in seelischer Not fühle, lege ich mich auf den Bauch, das Gesicht zur Erde gewandt. Die heilenden Strömungen fließen durch mich hindurch. Selbst in Städten, in denen uns Asphaltdecken und Betonwände von der Erde trennen, sich undurchdringliche Abgaswolken zwischen uns und den Himmel schieben, fließen diese Strömungen — zwar langsamer und schwerer wahrnehmbar, und es mag auch länger dauern, bis man ihre Wirkung spürt, aber ihre heilende Kraft ist dennoch da. Wichtig und wesentlich ist nur, wie mit allen Dingen, daß man darum bittet, daß man sich bemerkbar macht, „ein Geschrei veranstaltet“, wie es Tsaviaya auszudrücken pflegt, in Vertrauen und in Dankbarkeit, denn das, worum wir aufrichtig bitten, ist bereits unser.

Die Gedanken, die wir äußern, die Worte, in die wir sie kleiden, werden natürlich variieren. Großer Geist, Große Vorsehung, Mitfühlender Heiler, Freund der Seele, Höchstes Wesen, Gott, welchen Namen oder welche Anrede wir auch immer bevorzugen, wir danken dir, daß für all unsere Bedürfnisse gesorgt wird.

„All unsere Bedürfnisse“ - spirituelle, gedankliche, seelische, körperliche, materielle, die besonderen Bedürfnisse des Jetzt, der Angriff auf die innere Festung unseres Seelenfriedens, dem wir erlaubt haben, unsere Abwehr zu durchbrechen und somit unsere Gefühlswelt zu beeinflussen — all diese Nöte werden bereits versorgt. Es ist notwendig, dies zu wissen und zuzulassen, daß dieses Wissen in den Mangel, den wir zu haben glauben, einsickern kann. Zu anderen Zeiten, zu Zeiten, in denen keine besondere Not im Vordergrund steht, gleicht diese Voraussetzung, daß für alles gesorgt ist, der Wärme der Sonne, die wir jederzeit zu unserem Wohlbefinden in uns aufnehmen können.

An jenem Tag setzte sich, während ich im Strom der heilenden Kräfte lag, ein Vogel auf einen nahegelegenen Ast und sang mir lange Zeit ein Lied vor, aus dem eine gewisse Dringlichkeit sprach. Es war ein Wiesenstärling, und ich erinnerte mich deutlich, einmal gelesen zu haben, daß die Arapaho glauben, daß der Wiesenstärling ihre Sprache versteht und spricht. Aber ich bin weder eine Arapaho noch ein Wiesenstärling. Dennoch spürte ich eine zarte Verbindung zwischen uns, für die ich ihm dankte, bevor er wieder davonflog.

In den Großstädten gibt es keine Wiesenstärlinge, aber selbst dort können wir Botschaften der Zustimmung vernehmen, wenn wir dafür offen sind und bereit, sie zu hören. Ich gedachte Freunden, die in einer verschmutzten Großstadt leben, und schickte ihnen Schwingungen der klaren Luft, die ich einatmete, des reinigenden Wassers, das in einem klaren Bach an mir vorbeifloß, der lebenserhaltenden Kraft der Erde unter mir. Gedankenschwingungen kennen keine Grenzen von Zeit oder Raum. Sie sind kraftvoller als materielle Bindungen. Auch Stadtbewohner sind in der Lage, uns solche Schwingungen zu senden, von Konzerten, denen sie lauschen, von Kunstwerken, die sie betrachten — die unmittelbaren Empfindungen von Auge und Ohr, die ihnen bemerkenswert erscheinen. Sie brauchen uns nicht nur die Verwirrung und den Smog der Großstadt übermitteln. Wir haben auch die Kraftquelle des Gebetes, die besondere Verbindung der ‚Streitkräfte des Lichts' untereinander.

## 2

Zehn Tage später fuhr der Laster wieder an der kleinen Holzbrücke vor und Rosella stieg lächelnd aus. Ihr Scheck war endlich gekommen und sie hatte von einem besseren Job erfahren, für den sie sich in ein paar Wochen bewerben konnte. Sie war gerade unterwegs in die Stadt.

„Soll ich dich mitnehmen?"

Die ‚Stadt' war nicht die kleine Ansiedlung mit dem Krämerladen und der Tankstelle. Es war eine richtige Stadt mit einer Hauptstraße, einem Supermarkt und einem Eisenwarenhandel, etwa achtundfünfzig Meilen von hier entfernt. Ich zögerte.

„Komm mit. Morgen gehst du in die Schwitzhütte und heute lernst du den Vorsitzenden kennen."

Das war natürlich etwas anderes.

„Ich will mich nur noch rasch umziehen."

„Komm ruhig so mit, das ist schon o.k."

Meine Jeans und mein Hemd waren alt und zerschlissen, aber sauber. Ich hatte sie am Vortag im Bach gewaschen. Ich betrachtete kurz Rosella. Sie trug ein Kleid, aber ältere Indianerinnen trugen grundsätzlich keine Hosen. Das Kleid war für sie ein genauso alltägliches Kleidungsstück wie für mich meine Hose. Ich stieg also ein, und wir fuhren in Richtung Reservat davon.

Der ‚Vorsitzende', den wir aufsuchen wollten, arbeitete auf seinem Traktor am entfernten Ende eines Feldes des Reservates. Wir beobachteten, wie er immer wieder von einem Ende des Feldes zum anderen fuhr und eine dunkle Silhouette gegen den Himmel abgab. Es war ein typisch ländliches Bild, das beruhigend auf mich wirkte. Alsbald winkte er uns zu, wir stiegen aus dem Auto und gingen zu ihm hinüber.

„Wie heißt er?"

Sie zögerte.
„Eddy Strong."
Nicht sein richtiger Name, dachte ich, sein weißer Name. Er war ein Kraftpaket, ein ungeheuer massiger Mann, der selbst für einen Indianer auffallend groß war. Ich hielt mich im Hintergrund, während sie sich mit einem warmen Lächeln und einigen scherzhaften Bemerkungen begrüßten. Die indianischen Worte und Silben mit ihren gutturalen Lauten riefen alte Assoziationen in mir wach. Dann kam sie zum eigentlichen Anliegen — zum Anliegen der fremden Weißen, die sie mitgebracht hatte. Ein weiterer langer Austausch von Worten und Gesten folgte, bis er sich schließlich teilnahmslos zu mir umwandte.
„Sie sagt, du brauchst Hilfe. Du bist krank."
„Ja."
„Sie sagt, du willst in die Schwitzhütte kommen?"
„Ja, das möchte ich. Wenn Sie es erlauben."
Er seufzte.
„Ich darf niemandem ein Gesuch um Hilfe abschlagen." Er sagte dies mit Bedauern in der Stimme, als würde er hoffen, daß ich von meinem Anliegen ablassen würde. Ein Teil von mir verstand seine Gefühle und war auf seiner Seite, doch mehr von mir blieb stur.
„Ich möchte kommen."
„O.k."
Er wandte sich wieder Rosella zu.
„Sag ihr, was sie braucht."
Wieder Wortwechsel und Kopfnicken. Dann ging er wieder an seine Arbeit. Ich dachte an Robinsons Mann auf einer Höhe: „Allein im Angesicht des Himmels, was immer ihn antrieb, lockte oder führte."
Ich fühlte mich etwas gedemütigt, aber ebenso freudig erregt und entschlossen.
„Jetzt sagen wir noch Guten Tag."
‚Guten Tag sagen' hieß zum Haus auf der anderen Seite des

Feldes gehen, einem jener üblichen Kästen aus Schlackesteinen, die die Regierung baute. Ich dachte, wie schön das Reservat sein könnte, wenn man die Indianer ermutigen würde, so zu leben wie einst — in ihren kreisförmigen Lagern. Ich erinnerte mich an ein Gemälde, das ich einmal in Fort Washakie gesehen hatte, — sieben Tipis in einem Kreis im Mondlicht, jedes für sich ein kleines Nest persönlicher Geborgenheit im Schutze des Ganzen, das Leben in der Runde, in Einklang mit den natürlichen kreisenden Bewegungen der Welt.

Und hier gab es nichts als häßliche, geduckte Formen mit kleinen Fenstern und unansehnlichem grauen Gemäuer. Das Ganze hätte vielleicht mit einer Andeutung von Garten etwas angenehmer gewirkt, ein paar dekorativen Büschen, selbst nur ein kleiner Aufgang zum Haus, aber Menschen, die zu einer Lebensweise gezwungen werden, die sie abstößt und die entgegen ihren Traditionen, ihren althergebrachten Weisen läuft, sehen wahrscheinlich keinen Sinn darin, die Auffahrt zu ihren elenden Lebensumständen zu ‚verschönern'. Von dem, was ich von Reservaten und anderen Orten, an denen Indianer leben, kenne, scheinen sie direkt bemüht zu sein, den Boden mit Abfällen und Unrat zu bedecken — eine Form ironischen Protestes, der an den meisten wohlmeinenden weißen Besuchern vorbeigeht und unverstanden bleibt. Aber wenn sie sich einmal zu einem besonderen Ereignis zusammenfinden, beispielsweise zum Sonnentanz, und die Tipis sich wieder im traditionellen Kreis gegen den Himmel abheben, ist das Lager makellos. Und wenn sie es zurücklassen, dann bleibt keine Spur, kein Hinweis, daß Menschen hier gelagert haben. Die Feuerlöcher werden sorgfältig wieder aufgefüllt, die Erde glatt geharkt, kein Zweig befindet sich am falschen Platz — kein einziger Hinweis darauf, daß hier über Tage, manchmal sogar über Wochen, viele Menschen in einem vollen und aktiven Lager zusammengelebt haben. Diese Aufgabe wird wortlos erledigt, ohne Eile und mit der sicheren und geschickten Hand, die Indianer zu haben pflegen, wenn sie eine Arbeit erledigen, mit der sie sich identifizieren können.

Der Raum, den wir betraten, war mit Menschen gefüllt, die sich mit fragenden Blicken zu uns umsahen.

„Ich hab' eine Freundin mitgebracht", sagte Rosella entschlossen. „Sie braucht Hilfe."

Einige Gesichter hellten sich auf, andere versteinerten. Eine Frau, in der ich die Ehefrau des Vorsitzenden vermutete, sagte freundlich: „Nimm Platz."

Ich setzte mich schweigend mit einem zaghaften Lächeln hin.

„Eine Tasse Kaffee?"

Niemand sonst hatte welchen. Sollte ich ablehnen und riskieren, mißverstanden, für hochnäsig oder arrogant gehalten zu werden — ‚Weiße sind etwas Besseres' — oder aber annehmen, was meinem tatsächlichen Wunsch entsprochen hätte.

‚Sei natürlich', sagte ich mir. ‚Du hast Durst, also sag es.'

„Ich würde sehr gerne eine Tasse Kaffee haben."

Ein Mädchen ging hinaus, um ihn zu holen. Die Unterhaltung wurde wieder aufgenommen, von einem Fernseher klang künstliches, oberflächliches Geschwätz herüber. ‚Ach', dachte ich, ‚wenn wir uns nur so begegnen könnten, wie wir wirklich sind, mit unserer sichtbaren Ausstrahlung oder in beruhigende Zeichen und Symbole gehüllt und mit der Gewißheit des Verstehens in unseren Augen! Wenn wir erfahren könnten, wie wir erfahren werden.'

Wenn in den alten Tagen ein Krieger einem anderen Krieger auf der Fahrt begegnete, war abtastendes, nachforschendes Gerede völlig überflüssig. Das Wesentliche konnte man an der Person selbst ablesen: Familie, Stamm, Nation, Coups, Heldentaten, Zu- und Abneigungen, Triumphe, Niederlagen — all dies konnte man an der Anzahl und Art der Federn im Haar, von der Bemalung der Gesichter, den Zeichen auf ihren Hemden und Beinkleidern, von der Länge und der Anzahl der Fransen, der Farbe und Form der Perlen und Kiele auf ihren Mokassins erkennen. Sie mußten sich nur in Ruhe betrachten, bevor sie zu Tomahawk oder Friedenspfeife griffen.

Hier blickten sie auf ihre ererbte Vorstellung vom weißen

Unterdrücker, ich blickte auf meine Vorstellung der ‚Unterdrückten-aber-nicht-von-mir', und wir alle blieben hinter hohen trennenden Mauern.

Ich nippte und lächelte und nippte, erzählte, wo ich herkam und was über die neue Genossenschaft geredet wurde, während ich darauf wartete, endlich wieder gehen zu können. Schließlich war es soweit. Rosella erhob sich mit etlichen ‚Bis bald's, und die Gesichter erhellten sich sichtlich, als wir uns verabschiedeten, meines nicht ausgeschlossen.

Während ich die Gaben einkaufte (Rosella hatte mir gesagt, daß ich Tabak für den Vorsitzenden und Obstsäfte für die gemeinsame Mahlzeit nach dem Schwitzen mitbringen müßte „oder koch irgendwas") und während der langen Heimfahrt gingen mir Gedanken über das Getrenntsein, über die Individualität durch den Kopf. Es hat Myriaden von Leben und Millionen von Jahren erfordert, um dieses einzigartige Bewußtseinszentrum aufzubauen, dieses Ich-bin-ich, diesen engen, verzerrten Standpunkt, der alle Dinge aus seinem Inneren heraus erfährt. Die Individualisierung ist ein großer und wichtiger Schritt auf der Evolutionsspirale, aber die Zeit muß kommen und ist gewiß schon nahe, wo der Separatismus der Einheit zugunsten der Zusammenarbeit und der Verschmelzung mit dem All-Bewußtsein wird weichen müssen.

In der Zwischenzeit nehmen wir wie Tiefseetaucher, die auf dem Meeresboden aufeinandertreffen, fremde, schwere, dunkel verhüllte Wesen wahr — unbekannt und unbegreiflich bis auf Vermutungen und Momente der Einfühlung; solange, bis wir, von unserem Lebensplan gezogen, unsere schweren Umhüllungen abwerfen und uns zum ersten Mal begegnen . . .

Rosella rührte sich neben mir.

„Zieh ein altes Kleid an", sagte sie, „ein altes Nachthemd vielleicht, egal was . . . zieh dich im Haus um." Sie tätschelte meine Hand. „Und hab keine Angst." Dann verfiel sie wieder in Schweigen.

## 3

Ich hatte schon einiges über die Schwitzhütte gelesen, von Indianern und Weißen. Von der Theorie wußte ich also eine Menge, aber ich war in keiner Weise auf die tatsächliche Erfahrung vorbereitet, während ich barfüßig in der langen Schlange vor der Hütte anstand, um eintreten zu können. Rosella stand vor mir, was äußerst beruhigend war, aber im letzten Augenblick tauschte sie mit einer Frau vor ihr den Platz, und ich befand mich plötzlich zwischen zwei völlig Fremden. Ich war irritiert, aber begriff schließlich, daß sie der Meinung war, daß sie mich schon genug bemuttert hatte. Jetzt mußte ich auf eigenen Beinen stehen.

Ich ahmte einfach alles nach, bückte mich, um eine Handvoll Salbei aus einer Mulde am Eingang aufzunehmen, berührte die Erde mit der Hand, um mich zu segnen, bückte mich tief, um durch den niedrigen Eingang zu schlüpfen, an dem ich alle Unterschiede, alle Ablenkungen und dreidimensionalen Sorgen zurückließ, so wie ich es auch an anderen heiligen, erhabenen Orten gelernt hatte.

Ich folgte den anderen, bückte mich tiefer unter der niedrigen Decke, um mich auf einem Häufchen frischen grünen Riedgrases niederzulassen und meine Beine weit von mir zu strecken. Es war zu eng, um im Schneidersitz zu sitzen, und zwischen meinen Fußsohlen und der Mulde, in die vermutlich die heißen Steine gefüllt werden würden, waren nur ein paar Zentimeter. Für so viele Teilnehmer war die Hütte sehr klein, und doch gab es genug Platz für alle, die noch vor dem Eingang warteten. Allein zwei Männer blieben im Freien zurück, um das Feuer zu hüten. Sie waren beide noch sehr jung, und einer von ihnen schien ein ‚Traditioneller' zu sein, denn er trug Zöpfe.

Während wir enger zusammenrückten, damit jeder Platz

fand, wurde gelacht und auf indianisch und englisch leise geredet, dann war Stille. Eddy Strong erhob sich von seinem Platz am Eingang und hielt zwei gegabelte Äste bereit, um die ersten Steine entgegenzunehmen, die die Feuerhüter auf Heugabeln herbeitrugen und vor seine Füße legten. Er nahm jeden Stein einzeln auf und legte ihn in das Feuerloch — für jede Himmelsrichtung einen und einen für die Mitte. Die Steine waren rotglühend. Ich konnte bereits fühlen, wie sie anfingen, meine Füße anzusengen.

Fünf Steine waren schon viel, aber es kamen noch mehr. Bald war das Feuerloch voll und noch immer wurden mehr hereingereicht, bis sich eine Pyramide von glühenden Flammen gebildet hatte, die unsere Gesichter, Hände und Füße versengte. Ich hob schützend ein Büschel Salbei vor meine Augen, so wie ich es bei den anderen beobachtete, und zog meine Füße unter mein Gewand. Das Handtuch legte ich mir um den Hals.

„Tsaviaya, darf ich eintreten?"

Eddy Strong antwortete: „Hau!"

Der Mann mit den Zöpfen bückte sich, um hereinzuschlüpfen, und wir unternahmen das Unmögliche, noch enger zusammenzurücken, um auch für ihn Platz zu schaffen. Der andere Mann holte einen Eimer Wasser, den Eddy Strong mit einer knappen Geste an die Spitze der lodernden Pyramide hob, um ihn anschließend vor sich niederzustellen. Der Mann, der das Wasser hereingebracht hatte, hockte sich vor den Eingang und blickte zu uns herein.

Analogien kamen mir in den Sinn, und ich dachte: ‚Das ist der Türhüter, der äußere Wächter, der Logenwächter!'

Plötzlich wurde mir bewußt, daß ich mich in einer indianischen Schwitzhütte befand! Ein Teil von mir fürchtete, daß ich hier fehl am Platz sei, ein anderer litt an fürchterlicher Platzangst, ein dritter Teil wollte am liebsten aufspringen, durch das Feuer hüpfen und so schnell wie möglich das Weite suchen — und der Rest saß völlig gelassen und wie angewurzelt auf seinem Platz in dem sicheren Wissen, daß es mir unmöglich war, mich zu bewegen, daß es für mich richtig war, hier zu sein;

aber kalter Schweiß vermischt mit dem heißen Schweiß rann aus meinen Poren.

„Sind alle bereit?"

Unzählige ‚Hau's ertönten, der Türvorhang wurde heruntergelassen und die wohltuende Geborgenheit der Dunkelheit umschloß uns. Noch ging ein schwacher Schimmer von der glühenden Steinpyramide aus, doch auch er verblaßte, als der erste Wasserstrahl darübergegossen wurde und mich eine sengende Hitze überrollte. Ich keuchte. Die Frau zu meiner Rechten drückte meinen Kopf nach vorne zwischen meine Knie.

„So ist es nicht so heiß."

Es stimmte, die Hitze strömte über meinen Rücken, der durch das Handtuch geschützt war. Ich fragte mich, wie die Männer mit ihren nackten Oberkörpern das nur aushielten. Die Frauen waren zumindest durch ihre Kleider geschützt. Die freundliche Nachbarin gab mir einen aufmunternden Klaps.

„Bete. Bete so stark du kannst. Je fester du betest, desto weniger brennt es."

Ein lautes Stimmengewirr erhob sich. Die würdevolle Frau zu meiner Linken betete mit ganzer Inbrunst:

„Großvater, mein Sohn ist im Gefängnis und er hat wunde Füße."

Etwas in mir weinte. Ich hörte meine Stimme sich mit ihrer verbinden:

„Großvater, ihr Sohn ist im Gefängnis und er hat wunde Füße. Hilf ihm, hilf ihr, hilf uns allen . . ."

Wieder wurde Wasser auf die glühenden Steine gegossen, und eine zweite Welle Dampfes erhob sich über uns. Ich kauerte mich noch mehr zusammen, betete intensiver.

Ich richtete mein Gebet an die Großväter und auch an ihre Helfer. „Wesen des Feuers, des Wassers, führt uns durch diese Reinigung ohne Furcht, ohne Schwäche oder unerträgliche Schmerzen. Großväter, ich bete für sie alle . . . helft uns, ich bitte euch . . ."

Ein gewaltiger nasaler Gesang brach aus und übertönte unsere betenden Stimmen, wie der sengend heiße Dampf unsere Körper bedeckt hatte, und reinigte Geist, Seele und Gedanken. Der Klang war mir neu, fremd und ungewohnt und doch auch vertraut. Ich kannte diese uralten Silben. Ich verstand sogar ihre Bedeutung. Irgendwann, irgendwo, im verschwundenen Atlantis vielleicht, hatte ich ‚in heiliger Weise' gesessen und Laute wie diese von mir gegeben.

Der Gesang schien kein Ende zu nehmen. Der heiße Dampf ebensowenig. Meine menschliche Hülle wurde schwächer, meine Sinne ließen merklich nach. Eddy Strong sagte „Hau!", und die Türklappe wurde geöffnet. Licht und frische Luft strömten herein. Jemand sagte: „Öffnet bitte die hintere Klappe", und der hintere Vorhang wurde ebenfalls geöffnet.

„Bleibt unten, Leute!"

Der Dampf zog ab. Ich setzte mich vorsichtig auf. Manche hatten sich nach vorne gebeugt, andere hatten sich auf die Seite fallen lassen, einige wenige saßen noch aufrecht da, die Augen zum Boden gewandt oder geschlossen. Alle schienen geschwächt, erschöpft zu sein.

„Tsaviaya, paiha."

Eddy Strong reichte eine Kelle Wasser aus dem Eimer, der vor ihm stand.

„Tsaviaya, Wasser bitte."

Wieder machte die Kelle die Runde zu dem, der darum gebeten hatte.

„Tsaviaya, darf ich hinausgehen?"

„Hau!"

Ein alter Mann erhob sich, und obgleich er nahe beim Eingang saß, ging er einmal den ganzen Kreis herum, wobei er auf mehrere Füße trat, bevor er hinausging. So verlief alles im Uhrzeigersinn. Paiha bedeutete Wasser. Tsaviaya mußte Eddy Strongs richtiger Name sein. Es war also möglich, hinauszugehen, wenn die Klappen geöffnet waren — ein Gedanke, den ich lieber weit von mir schob.

Ich hätte ebenfalls gerne um paiha gebeten, aber die Frau neben mir tat es nicht, also blieb ich still und ließ mich in Gedanken von dem Wasser erfrischen, was mir tatsächlich gelang. Der Durst wurde erträglich und verschwand dann ganz. Diejenigen, die ausgetreten waren, kamen wieder herein, und die Klappen wurden heruntergelassen, das Beten begann. Dies war die zweite Runde, die sich nicht nur durch einen neuen Rhythmus und in den Worten des Gesangs von der ersten unterschied, sondern auch durch die Wahrnehmung. Es schien, als hätten wir die Geister in der ersten Runde gerufen, um ihren Beistand, ihr Mitgefühl gefleht; jetzt begrüßten wir sie, erleichtert, daß sie gekommen waren, um uns zu segnen. Laute Rufe ertönten, drangen durch den Gesang hindurch. Hier und dort ging das Singen in lautes Beten über, als müßten wir die Nöte, die uns bedrängten und gegen die wir die Hilfe der Geister erbeten hatten, erneut zum Ausdruck bringen.

Die Steine waren schwarz geworden, die Dunkelheit vollkommen, der Dampf noch unerträglicher als zuvor. Wieder drückte mir meine Nachbarin den Kopf nach unten und ich keuchte und würgte, während ich versuchte, den vertrauten Gesang, die vertrauten Worte nachzusingen, unter die sich immer wieder ein „Helft uns! Helft uns! Helft!" mischte. Der Gesang endete schließlich, als es schien, daß wir es keine Sekunde mehr aushalten könnten.

„Segnet euch!"

Die Geräusche von klapsenden Händen und grunzenden Lauten folgten. Hände klopften mir auf Kopf und Oberkörper, dann klopfte ich mich selbst ab und bemerkte, daß ich ebenfalls kehlige Laute von mir gab.

„Hau!"

Die Klappe flog hoch, die Luft strömte herein. Dieses Mal war es nicht notwendig, uns zu ermahnen, unten zu bleiben, wir hatten uns alle nach vorne gebeugt, manche der Männer auf Händen und Knien zum Feuer gewandt, andere nach hinten oder zur Seite gelehnt. Manche hatten sich hinter den schützenden Rücken ihrer Nachbarn gelegt, die weiter nach vorne gerückt waren, um Platz zu machen. ‚Größer kann eines Menschen Liebe nicht sein', dachte ich, ‚als für das Wohl eines anderen noch näher an diese Hitze zu rücken!' Langsam erholten wir uns soweit, daß wir uns wieder aufsetzen konnten.

Jetzt, da die Steine dunkler waren, konnte ich sie sehen, ohne mir dabei die Augen zu verbrennen. Ich entdeckte, daß die meisten von ihnen ‚Gesichter' hatten — grinsende, finster dreinblickende, grimassenhafte Gesichter, voller Ausdruck und Leben.

Vor mir lag ein großer Stein mit einem besonders wissenden Blick, so freundlich wie grimmig und belustigt, mich in dieser Runde vorzufinden.

Ich schaute darüber hinweg und begegnete den Augen eines Mannes, der Tsaviaya gegenüber saß — ein vibrierender Schlag traf mich, eine Welle von Kraft. Dies war eine Persönlichkeit, klein, schmächtig und mit einer Gesichtsform, die sich völlig von denen der anderen unterschied — vielleicht ein Mann von einem anderen Stamm. Ich senkte meinen Blick, und es war mir bewußt, daß ich ihn angestarrt hatte, daß er wußte, was ich dachte und vieles mehr. Der Sänger, der die Gesänge leitete, saß zu seiner Seite. Wahrscheinlich hatten die drei oder vier Männer und Frauen, die neben Tsaviaya saßen, besondere Aufgaben in der Hütte.

„Paiha!" sagte der Sänger. Der Wasserschöpfer wurde ihm gereicht. Mehrere andere baten ebenso darum und bekamen es. Auch ich wünschte mir nichts sehnlicher als Wasser, aber keine der Frauen hatte bisher darum gebeten, vielleicht, daß Frauen nicht dazu berechtigt waren. Als ich zögerte, drängte mich ein freundlicher Rippenstoß und ein leises: „Nur zu!" Ich sagte also: „Paiha, bitte!", und die Kelle wurde mir gereicht. Ich machte das nach, was ich bei den anderen beobachtet hatte — hob sie erst Jenen Oben entgegen und goß ein wenig auf Mutter Erde, bevor ich selbst davon trank, mein Gesicht darin badete und den Rest über meinen Kopf ausleerte. Ich gab die Kelle dankbar wieder zurück. Das Wasser war ein Segen mit seiner kühlen, heilenden Kraft. Es stammte aus einem Bergbach oder aus einem tiefen geschützten Brunnen und schmeckte noch so, wie Wasser früher zu schmecken pflegte.

Ich lehnte mich erfrischt zurück, bereit für die dritte Runde. Wieder die erlösende Dunkelheit, die Gebete, der aufsteigende Dampf, der hohe nasale Gesang in einem neuen Rhythmus. Wieder erhob sich meine Stimme mit den anderen und wieder schien ich die Bedeutung der Silben verstehen zu können.

Dieses Mal spürte ich die Anwesenheit eines kraftvollen, aufmerksamen Wesens auf den brennenden Steinen, das jeden von uns eindringlich musterte, während es sich um seine eigene Achse drehte. Ich nahm Kraft wahr, die sich über uns ergoß. Meine Nachbarin schnappte nach Luft, schrie auf. Der Gesang war jetzt zu einem neuen Rhythmus übergegangen, nicht mehr flehend, nicht mehr drängend, sondern eher ein Willkommen-Gesang für die heilenden, fließenden Strahlen.

Jetzt war ich an der Reihe. Die glühende Kraft traf mich wie ein Schlag gegen den Solar Plexus, dann folgte eine Pause in Erwartung meiner Erwiderung. Auch ich sollte meinen Teil beitragen und um Hilfe bitten, brachte jedoch nichts weiter heraus als „Großvater, danke, ich danke dir!“

Es begann ein langsamer Rücksog zur Mitte der Glut, zu jenem Wesen hin, das auf den Steinen stand; das nahm fort, was über uns hinweggeflutet war, wie der Rückfluß einer Welle Sand, Steinchen und Seetang wieder in das Meer zurückschleift. Der Brennpunkt der Aufmerksamkeit bewegte sich weiter, meine Nachbarn stimmten wieder in den Gesang ein und ich sang auch.

Als alle untersucht und behandelt worden waren, als der Kreis vollendet war, hörte das Singen auf. Tsaviaya sagte: „Segnet euch!“ Wieder das gegenseitige Klapsen und Gemurmel. Das letzte Wasser wurde über die Steine verspritzt und eine Wolke von Dampf durchnäßte uns.

„Hau!“ Die Klappe wurde geöffnet, der Dampf entwich ins Freie, Licht und frische Luft strömten herein. Jemand sagte: „Öffnet den Hintereingang, bitte!“ Die hintere Klappe ging hoch. Wir lagen kreuz und quer, wie es gerade ging, und so blieben wir liegen, bis Tsaviaya sagte: „Letzte Runde! Macht vor euch Ordnung!“

Die Anwesenden nahmen Riedgras und fegten daraufhin den Boden zwischen ihren Füßen. Dieses Mal wurde kein Wasser angeboten. Die Klappen wurden heruntergelassen, die vierte Runde begann.

Wieder war der Gesang anders, stetig dieses Mal, langsam und rhythmisch wie das Schlagen gewaltiger Flügel: Plötzlich bemerkte ich, der Flügelschlag war da. Ich fühlte es, ich wußte es, ich sah es hinter meinen geschlossenen Lidern. Großvater Adler zog seine Kreise über uns, bereit, uns zu verlassen. Der Gesang änderte sich, der Rhythmus schlug um, reckte sich ehrfurchtsvoll nach oben, in der Trauer des Abschieds. Ich sah, wie die großen schwarzen Schwingen plötzlich weiß wurden, gülden wurden wie die Segel eines Klippers in der untergehenden Sonne. Sie wurden kleiner, sie verschwanden. Der Gesang erstarb.

Tsaviaya sagte mit dünner Stimme: „Segnet euch!“ Aber wie wollte man den Segnungen, die bereits erteilt worden waren, noch weitere hinzufügen?

„Hau!“ Die Türklappen wurden zum letzten Male beiseite gezogen. Wir richteten uns auf, denn nun würde die Pfeife hereinkommen. Der Türsteher kniete nieder, um sie darzureichen. Der Mann, der Tsaviaya gegenübersaß, zündete sie für den Türsteher an, der rauchte. Dann erhielt er sie zurück, rauchte sie und reichte sie im Uhrzeigersinn weiter. Ein jeder von uns nahm sie von seinem Nachbarn, jeder vollführte denselben Ritus, berührte damit die Erde, hob sie zum Rauchen hoch und blies den Rauch manchmal über den eigenen Körper, manchmal hoch in die Luft.

Es war ein langes und bedächtiges Ritual. Während ich wartete, bis ich an der Reihe war, versuchte ich mir ins Gedächtnis zu rufen, was ich über die Pfeife wußte. Sie war der zentrale, heiligste Gegenstand der indianischen Lebensweise, das wesentliche Verbindungsglied zwischen dem Großen Geist und seinen Kindern. Worte, die ich gelesen hatte, kamen mir in den Sinn, klar und mühelos wie alles in der Schwitzhütte.

„Seht diese Pfeife! Denkt immer daran, wie heilig sie ist,

und behandelt sie danach, denn sie soll euch bis zum Ende des Zeitalters mitnehmen. Mit Hilfe dieser Pfeife wird sich der Zweibeiner vermehren und große Wohltaten werden ihm zuteil werden. Von oben hat Wakan Tanka euch diese Heilige Pfeife gegeben, damit ihr durch sie Wissen haben möget."

Das waren die Worte der Heiligen Büffelfrau der Lakota-Sioux.

„O Wakan Tanka*, du bist die Wahrheit. Die zweibeinigen Völker, die ihren Mund an diese Pfeife legen, werden selbst die Wahrheit werden; nichts Unreines wird in ihnen sein. Hilf uns, den heiligen Pfad des Lebens ohne Schwierigkeiten zu beschreiten, mit unseren Gedanken und Herzen stets auf dich gerichtet."

Das waren die Worte von High Hollow Horn.

„Mit dieser Heiligen Pfeife sollt ihr auf Erden wandeln, denn die Erde ist heilig. Jeder Schritt, der auf ihr getan wird, sollte wie ein Gebet sein. Der Kopf dieser Pfeife ist aus rotem Stein, er ist die Erde. Der Stiel dieser Pfeife ist aus Holz, und er stellt all das dar, was auf Erden wächst."

Aus diesem Grund haben wir mit der Pfeife den Boden berührt.

„Die Federn, die hier hängen, wo der Stiel im Kopf sitzt, stellen den Adler dar und alle Geflügelten in der Luft. Alle Dinge des Weltalls gesellen sich zu dem, der die Pfeife raucht, alle senden sie ihre Stimmen zum Großen Geist. Wenn ihr mit dieser Pfeife betet, so betet ihr für alle mit allen."

Das war die Heilige Weißbüffelfrau. Ich entsinne mich, wo ich diese Worte zum ersten Mal gelesen hatte, in einem Bericht, den eine Freundin mir vom Nationaldenkmal in Pipestone zugeschickt hatte, von wo Indianer aller Stämme über Tausende von Jahren hinweg den heiligen Stein für ihre Pfeifen-

---

* Wakan Tanka (wakan = heilig; Tanka = Wesen, Geist): Bezeichnung der Sioux und anderer Plains-Stämme für den Schöpfer, den Großen Geist, gleichbedeutend z.B. dem christlichen „Gott".

köpfe holen und es heute immer noch tun. Der Stein für diese Pfeife mußte ebenfalls von dort herstammen.

Jetzt näherte sie sich. Meine Nachbarin rieb ihre Hände auf der Erde und dann aneinander. Ich tat das Gleiche, um die Pfeife in uralter Weise entgegenzunehmen. Schließlich wurde sie mir gereicht, ich hielt sie in Händen, spürte den glatten, kühlen Stiel, der mit kraftvollen Schwingungen geladen war. Ich senkte den Kopf zu Mutter Erde, blies den Rauch in kräftigen Stößen zum Großen Geist empor, zur Mutter Erde hinab, in die vier Himmelsrichtungen, dann die Züge für das, worum ich bitten sollte, für die Heilung meiner menschlichen Hülle. Und wieder war mein einziger Gedanke: ‚Ich danke dir.' Ich gab die Pfeife weiter, lehnte mich erleichtert zurück, erlöst von der Angst, versagen zu können, daß die Pfeife ausgehen könnte und nochmals angezündet werden müßte, oder daß ich sie sogar fallen lassen würde. Pfeifenstein ist äußerst zerbrechlich.

Ich hatte bereits vor Jahren das Rauchen aufgegeben und eine starke Ablehnung gegen alles entwickelt, was damit zu tun hatte, aber diese Art des Rauchens war anders. Der Tabak war im Gegensatz zu herkömmlichem Tabak süß und leicht. Es war vielleicht Kinni-kinnik, organisch gewachsen und mit Salbei geweiht. An der Pfeife selbst war keine Feder, aber eine baumelte an der Decke der Hütte und über Tsaviayas Kopf war etwas, das wie eine Adlerschwinge aussah. Mir kam der Gedanke, daß das Loch in der Mitte der Hütte der Pfeifenkopf war, die Hütte eine Pfeife und wir selbst Tabak in der Pfeife des Großen Geistes. Eine Woge der Freude schüttelte mich. Ich hätte jedem im Kreis zurufen mögen ‚Ich liebe dich!', aber sie befanden sich in tiefer Meditation, waren ‚hinter die Decke' zu ihren geheimen Kommunionen gegangen, wie ich zu meiner hätte gehen sollen.

Die Pfeife erreichte Tsaviaya. Er hielt sie hoch, drehte sie langsam um ihre eigene Achse und folgte dann der rituellen Weise, als er den verbliebenen Tabak zu Ende rauchte. Es war eine lange Rauchfahne, die sich spiralförmig durch die ganze

Hütte zog, zu diesem, zu jenem, zu mir, und unsere Nasen mit einer wohltuenden Süße erfüllte.

Plötzlich rührte sich etwas. Tsaviaya gab die Pfeife an den Türhüter zurück, der sie draußen auf einem Erdhügel niederlegte. Dann nahm er seinen Salbeibüschel und sein Handtuch auf und ging tief gebückt ins Freie, gefolgt von uns allen. Es war merkwürdig, aufrecht im Sonnenlicht zu stehen, das offenbar noch demselben Nachmittag angehörte. In der Schwitzhütte existierte kein Zeitbegriff. Wenn wir bei Mitternacht oder in der Morgendämmerung eines anderen Tages hinausgetreten wären, hätte es mich nicht überrascht.

# 4

Nach dem Höhenflug der großen Erfahrung, der entsprechende Absturz. Die Ablenkungen und Hindernisse, die ich am Eingang der Hütte zurückgelassen hatte, überfielen mich wieder mit aller Gewalt. Ich hätte mich unter einem abgelegenen Baum verkriechen, mich auf den Rücken legen mögen, um langsam und sachte wieder zu mir zu kommen. Anschließend wäre ich allein eine Bergstraße hinaufgefahren, um den Großvätern meinen angemessenen Dank und meine Opfergaben darbringen zu können. Stattdessen mußte ich, die Einzelgängerin, die sich in jeder Menschenansammlung unwohl fühlte, selbst wenn es sich um eine Gruppe von vertrauten Freunden handelte, nun mein durchnäßtes Gewand ablegen und mich vor diesen neugierigen, ja sogar feindseligen Fremden, die sie trotz der vorangegangenen Verbundenheit und Intensität der Gefühle in der Schwitzhütte wieder geworden zu sein schienen, anziehen.

Das Geräusch ihrer schrillen Stimmen tat meinen Ohren weh, die immer noch auf die Schönheit der Gesänge eingestimmt waren. Ich vermutete, daß es für sie eine große Erleichterung war, wieder frei reden zu können, und wünschte mir, es ebenfalls als solche empfinden zu können, aber das gedankenlose Geplapper wie im Werbefernsehen, das zwanghafte Gelächter, diese platten Schwingungen schienen sich mir auf einer befremdlich niedrigen Ebene abzuspielen für Menschen, die sich gerade einer geistigen Reinigung unterzogen hatten, um gemeinsam die Heilige Pfeife zu rauchen.

Ich erwartete weise und sanfte Worte zu der eben geteilten Erfahrung oder zumindest feinfühliges Schweigen, aber nicht diese alltäglichen, rauhen Gespräche statt einer Welt des planetarischen Geistes, der Devas, der Naturelemente. Ich wollte fort, die Fragmente dieser großen Erfahrung verinnerlichen, aber ich wußte, daß ich bleiben mußte. Das Einnehmen einer gemeinsamen Mahlzeit nach der Schwitzhütte war ein wichtiger Teil des Rituals.

Wir gesellten uns zu den Leuten im Wohnraum, einem langen, engen, völlig unproportionierten rechteckigen Raum mit Betonwänden und hohen, schmalen Fenstern, der bis auf einen Tisch in der Mitte völlig unmöbliert war. Da es keine Stühle gab, setzten wir uns mit dem Rücken zur Wand auf den Boden. Einige der Männer waren damit beschäftigt, das Essen auszuteilen, andere hatten sich bereits zu ihren Familien gesetzt. Das allgemeine Gelächter nahm zu und immer mehr Witze und merkwürdige Späße wurden ausgetauscht. Dieses Mal handelte es sich um jene Zweideutigkeiten, jene Art von obszönen, schalen Witzen, die sich Halbwüchsige erzählen, bevor sie die Leidenschaft, die wirkliche Leidenschaft der Liebe kennenlernen (nicht jene, welche Kinsey beschreibt) und Sex plötzlich etwas sehr Wichtiges und Intimes wird. Wie es schon so treffend heißt, „Nur die Keuschen sind wahrhaft leidenschaftlich, worüber sollten die Unzüchtigen schon leidenschaftlich sein?“

Diese Witzeleien, dieser Austausch von persönlichen sexuellen Beleidigungen, waren jedoch nicht so grob gemeint, wie es sich anhörte. Es war lediglich das harmlose Prahlen der Unbeteiligten. Es erinnerte mich an fromme katholische Freunde, die mit Vorliebe gewagte Witze über die Jungfrau Maria zum besten gaben, was sie mir andererseits sehr übel genommen hätten. Für sie war es eine Form, ihre Zusammengehörigkeit auszudrücken. Eine Art offenen, unverhohlenen Vergnügens, ein positives Akzeptieren der männlich-weiblichen Ergänzungsrollen, das in Stammesgesellschaften wichtig ist. Ein weiterer Faktor war das bewußte sich Zusammenschließen einer Gruppe, um Eindringlinge auszuschließen. Mir kam Johnsons Bemerkung in den Sinn, die er an Boswell und einige Freunde richtete, als sie lachend die Straße hinuntergingen: „Meine Herren, bitte etwas mehr Ernsthaftigkeit, da kommt ein Narr.“

Diejenigen, die solche Zweideutigkeiten als störend empfanden, waren nicht ganz in Ordnung, waren Narren oder Eindringlinge. Zumindest gab sich die Gruppe keine Mühe, vor mir ‚ernsthaft' zu erscheinen — und das war immerhin etwas. Trotzdem berührte mich der Zeitpunkt ihrer Späße etwas unangenehm, und ich war froh, als Tsaviaya dem Gerede schließlich ein Ende setzte. Er trat an das Ende des Tisches und hielt seine riesige Hand zum Zeichen des Schweigens empor. Die Stille unterband wie die Dunkelheit der Schwitzhütte alle unbedeutenden Formen der Ablenkung. Wir beugten unsere Köpfe zum Tischgebet. Es wurde auf indianisch und anschließend auf englisch gesprochen. Zuletzt hieß Tsaviaya denjenigen, den ich ‚Power Man' genannt hatte, mit einem Namen willkommen, den ich nicht mitbekam: „. . . , unser Bruder, der von seiner eigenen Schwitzhütte einen weiten Weg zurückgelegt hat, um heute bei uns zu sein, und der demnächst wiederkommen wird, um uns zu helfen." Dann folgte: „Zuerst die Türsteher."

Eine Schlange bildete sich hinter dem ‚Überbringer', der die Türklappen bewacht hatte. Ich wartete, bis die meisten Anwesenden mit Tellern und Bechern, die mit köstlich duftenden Speisen gefüllt waren, zurückkamen, um mich, plötzlich sehr hungrig geworden, ebenfalls anzustellen. ‚Nimm etwas von allem' schien die Devise zu sein. Es gab Eichel-Suppe, Pinienmus, indianisches Brot, eine ‚Soße' aus Beeren und Mehl, die übliche Auswahl von Aufläufen, Salaten, Obst, Kuchen, Säften und Kaffee. Ich nahm an, daß es wichtig war, sich die Speisen in der Reihenfolge aufzutun, in der sie aufgereiht waren, und daß die ersten vier Speisen wesentlich waren. Nachdem man von ihnen genommen hatte, konnte man unter den restlichen Speisen auswählen, aber es war sicher höflicher, etwas von jedem zu probieren. Im Tischgebet hatte es geheißen: „Gesegnet seien diese Speisen und die Hände, die sie zubereitet haben." Es sollten keine Hände mißachtet werden.

Ich war mir bewußt, daß ich bei allem, was ich tat, genauestens beobachtet wurde. Ich repräsentierte — und ich hoffte, diese Rolle bald ablegen zu können — das vorgeprägte Bild des ‚Weißen', statt als Mensch gesehen zu werden, der mit gutem Willen hierhergekommen war und lediglich stellvertretend für einen sehr kleinen Teil der im großen und ganzen ignoranten Weißen, was sie wohl nicht glauben mochten. Wie absurd doch diese Rassenvorurteile im Atom-Wassermann-Zeitalter sind! Müssen denn Minderheiten, sobald sie zu Macht gelangen, die schlimmsten Fehler der Mehrheiten wiederholen? Wer kann sich denn seiner ethnischen ‚Reinheit' sicher sein? In den USA haben sich im sprichwörtlichen ‚Schmelztiegel' schon seit über 200 Jahren unentwegt Völker vermischt. Davor haben sich die Rassen in allen anderen Teilen der Welt, in Europa, in Asien, bereits vermischt. Und darüberhinaus, ist denn ethnische Reinheit noch ein Teil des Plans? Sollten wir uns nicht auf eine universellere, umfassendere Menschlichkeit zubewegen?

Ich grübelte vor mich hin, während ich aß, lächelte versuchsweise diesem oder jenem zu, ohne eine sichtbare Reaktion darauf zu erhalten. Rosella ging mit den Ersten, die aufbrachen, an mir vorüber. Sie blieb einen Augenblick bei mir stehen, um mir zu sagen: „Du hast es geschafft. Wir seh'n uns." Meine Freundin aus der Schwitzhütte blieb ebenfalls bei mir stehen, um mir aufmunternd zuzulächeln. Ich spürte, daß dieses Lächeln echt war. „Du bist also in Ordnung?" Ich antwortete: „Ja, danke dir." Nach einer Weile hatte ich das Gefühl, daß ich jetzt auch gehen könnte, weder mit der ersten Gruppe noch mit der letzten, sondern unauffällig in der Mitte. Ich sagte an der Tür mit einigen anderen Aufwiedersehen. Ein Echo von ‚Bis Bald's folgte und ich schlüpfte hinaus in die kühle, gesegnete Dunkelheit unter den Sternen.

Während der langen Heimfahrt und der darauffolgenden Woche ließ ich das Schwitzritual viele Male in Gedanken an mir vorüberziehen; es mir vergegenwärtigend und deutend nahm ich es langsam in mir auf, so wie man die Essenz großer Augenblicke herausdestilliert. Zuerst dachte ich an ‚diesseitige' Eindrücke. Wie interessant und ermutigend war es doch, daß im Jahre 1965 die Schwitzhütte allmählich in das Land zurückkehrte, aus dem sie ehemals verbannt worden war. Sie wurden anlehnend an die Erinnerungen und Eindrücke der Alten errichtet, die als Kinder noch in ihnen geschwitzt hatten, und anhand von Aufzeichnungen und Photographien, wie sie im Smithsonian-Institut aufbewahrt wurden, wie auch aufgrund von mündlichen Überlieferungen, die an jene weitergereicht worden waren, die zuzuhören vermochten, am wirksamsten jedoch durch Träume und Visionen von den Großvätern.

Das Klima von Ignoranz und Vorurteil schien sich in der weißen Welt ein wenig in Neugier und Achtung zu verwandeln und den verspäteten Wunsch, zumindest einige der traditionellen indianischen Bräuche zu erhalten. Bücher wie John Neidhardts *Schwarzer Hirsch: Ich rufe mein Volk,* Frank Waters *Buch der Hopi* und Joseph Epes Browns *Die Heilige Pfeife* wurden verlegt. Und da gab es noch die Bücher von Ernest Thompson Seton aus meiner Kindheit und sein späteres Werk *Das Manifest des Roten Mannes.* Diese Bücher wurden jedoch erst vor kurzem in die Liste der Klassiker, der empfehlenswerten Literatur aufgenommen, die man den Jugendlichen ans Herz legt oder auf den Lehrplan der Höheren Schule setzt. Und doch waren sie so wesentlich für das wachsende Verstehen, für die Erweiterung des Bewußtseins, für die Suche nach der kosmischen Wirklichkeit — mit anderen Worten, für das Streben nach Glück, das auch unserer Jugend in die Wiege gelegt wurde.

Alles, was jenen Bewohnern der Schildkröteninsel nach der Unterdrückung geblieben war, waren die Fußnoten der Spezialisten, die verzerrten Berichte früherer Missionare und Forscher, die oftmals verfehlten und falsch gedeuteten ‚Funde' der Archäologen und voreingenommenen Geschichtswissenschaftler, sowie die hier und da verstreuten sinnentleerten Phrasen, die gedankenlos im alltäglichen Sprachjargon Verwendung finden.

„Wenn du etwas willst, mußt du dafür schwitzen."

„Stopf's in deine Pfeife und rauch's."

Ich besaß eine umfangreiche Sammlung indianischer

Bücher und eine Menge theoretisches Wissen über Medizinmänner und deren Rituale, aber dieses einzige Erlebnis in der Schwitzhütte änderte alles, was ich bisher zu wissen geglaubt hatte.

Da war zunächst einmal die völlige Einbeziehung von Seele, Geist und Körper. Ich hatte für einen Fremden im Gefängnis, für Kranke, für mich persönlich, für die ganze schöne menschliche Rasse gebetet und geschwitzt. Diese Form des Opferns und Teilens war für mich eine grundlegendere Erfahrung gewesen, als ich sie durch das Knien in einer Kirche jemals gemacht habe.

Das Teilen war das Wesentliche. Jemand sammelte das Riedgras, ein anderer brachte die Steine und das Brennholz, und wieder ein anderer schöpfte Wasser und schleppte es in Eimern herbei. Viele Hände müssen an der Schwitzhütte gebaut, die Weidenbäume gefällt und beschnitten haben, sie wieder in den Boden eingesetzt und symmetrisch zusammengebogen haben, um das Dach zu stützen. In alten Tagen hätte jemand die Hirsch- oder Büffelhäute gegerbt, um sie über das fertige Gerüst zu ziehen. Dann wäre das Ritual gefolgt, um die Hütte zu segnen, an dem jeder der Helfer teilgenommen hätte.

Die Beschreibung eines solchen Rituals kann man in Kapitel III von Browns *Die Heilige Pfeife* nachlesen. Ein Diagramm zeigt das Inipi, die Reinigungshütte. Die Schwitzhütte hier stammte von einem anderen Stamm, stellt aber das gleiche Prinzip dar.

Ich dachte an den Kreis mit all seinen vielfältigen Bedeutungen, von dem Zeichen des Schöpfers bis hin zu seiner symbolischen Verkörperung der Sonne, Ursprung des Lichtes, des Lebens und der spirituellen Erleuchtung. Dann meditierte ich über das Medizinrad, ein Mandala der konzentrischen Tiefen und vieldeutigen Zeichen, in dem jede Schöpfung des Universums seinen angemessenen Platz findet.

In Dantes Zusammenfassung seiner Vision, in den letzten drei Zeilen von *Das Paradies*, heißt es:

Doch folgte schon mein Wunsch und Wille gerne,
So wie ein Rad, das ebenmäßig kreist,
Der Liebe, die bewegt die Sonn und Sterne!

Der Mystiker des 16. Jahrhunderts, Jakob Böhme, schrieb in seinem Bekenntnis:

„Das Wesen Gottes ist wie ein Rad, worin viele Räder ineinanderlaufen, nach oben, nach unten, sich kreuzend, und doch drehen sich alle unentwegt zusammen. Angesichts dessen ein Mensch, wenn er es betrachtet, in der Tat des Wunders überwältigt ist."

Das Mandala des Medizinrades symbolisiert die Sonne, die Erde, den Himmel, das Wasser und die vier Winde. So gesehen stellt es die Schöpfung der Welt dar, kann aber auch das Fortschreiten eines einzelnen Tages bedeuten, von Sonnenaufgang bis -untergang und die darauffolgende Nacht, wie auch den Zyklus des menschlichen Lebens von Geburt zum Tode und den jenseitigen Pfad der geistigen Welt.

Und dann auch die natürliche kreisende Bewegung der Welt. Alle Dinge sind kreisförmig. Die Sonne ist rund, das Nest des Vogels, das Leben ist rund zwischen Geburt und Tod, alles mündet wieder in den zugehörigen Punkt auf dem Rad des Universums. Der Mensch gedeiht am besten, wenn er in Harmonie mit seiner Umwelt lebt und diese Umwelt die natürlichen Gesetzmäßigkeiten des Universums widerspiegelt. Buckminster Fullers geodätische Kuppel stellt kein neuartiges Konzept dar. Das physische und psychische Wohlbefinden, das der Kreis im Menschen hervorruft, war für die indianische Lebensweise grundlegend. Die Geheimnisse des Kreises wurden für jene, die dem Pfad des Rades folgten, zur zweiten Natur.

Tsaviayas Schwitzhütte war rund, die Öffnung nach Osten gerichtet. Das Loch in der Mitte, in das die heißen Steine gefüllt wurden, war rund, und es verkörperte die Nabe des Rades oder in manchen Traditionen den Nabel der Mutter Erde. Wir, die auf dem Riedgras in einem engen Kreis zusammensaßen, stellten die gegenseitige Abhängigkeit aller

Geschöpfe dar sowie unsere persönliche Beziehung zum Schöpfer selbst.

Ich dachte über all diese Aspekte nach und entschloß mich, das Leben im Kreislauf zu praktizieren als den besten Weg, die Essenz der Schwitzhütte in mir aufzunehmen. Nicht der Kreislauf jenes Kirchenliedes „... der tägliche Ablauf, die alltäglichen Pflichten, sorgen für die Befriedigung all unserer Bedürfnisse ..." war gemeint, obgleich das im Prinzip auch der Wahrheit entsprach, und auch nicht die mühselige Plackerei, an die ich unvermittelt dachte, wenn ich diese Strophe bei Gottesdiensten hörte. Der tägliche Ablauf konnte zum Hexenring werden. Aber der Kreis, an den ich dachte, der Kreis, den ich praktizieren wollte, war mein Platz in dem alles umfassenden Rundlauf des Universums, in dem sich alle Dinge von der Peripherie zum Mittelpunkt bewegen.

Ich ging zu dem runden Pferdetrog hinter dem Haus, der von Weiden, wilden Rosen und Salbei verdeckt war und der von dem Wasser eines Bergbaches genährt wurde, das durch einen Schlauch hinein- und durch einen anderen wieder abgeleitet wurde. Hier nahm ich für gewöhnlich dreimal am Tag, bei Sonnenaufgang, mittags und bei Sonnenuntergang, ein kurzes Bad. Jetzt verband ich mehr mit diesem einfachen Ritual der Reinigung und des Gebetes. Ich befand mich im Zentrum eines Rades aus Wasser, das von der Sonne belebt, aber durch das Schmelzwasser seines Ursprungs noch kalt war. Ich hob meine Hände zum Himmel, ich drehte mich in die vier Richtungen und mit der Bitte, daß die heilenden, reinigenden Kräfte des Wassers durch jede Zelle und jedes Atom meines Seins fließen mögen, tauchte ich mich nacheinander zum Osten, Süden, Westen und Norden ein, dann schickte ich die Essenz des Wassers von der Achse, in der ich mich befand, in alle Welt hinaus, in alle vier Himmelsrichtungen, zu den erhitzten, erzürnten und kranken Gemütern, hinaus zu all jenen, die dieses Wasser zu erreichen und zu segnen vermochte.

Es ist eine einfache heilige Handlung. Diejenigen, die keinen runden Pferdetrog oder einen abgeschiedenen Badeplatz zur

Verfügung haben, können dieses Ritual auch unter der Dusche vollziehen. Der Duschring ist für gewöhnlich ein Kreis und kann auf diese Weise zu einem Mandala mit vier Speichen umgestaltet werden. Das Wasser sollte von den ersten Tropfen an gesegnet werden. So stark ist die Kraft der Großväter, daß selbst gechlortes, stark verschmutztes Wasser so gereinigt wird, daß es mehr als nur stofflichen Schmutz von uns zu waschen vermag. Dann verspritze es, um die dürstende, erschöpfte und sehnsüchtige Welt zu erfrischen. Auf diese Art und Weise können wir mit jedem Bad, das wir nehmen, nicht nur uns helfen, sondern auch unseren Teil dazu beitragen, den vier Königreichen, dem Reich der Mineralien, der Pflanzen, der Tiere und der Menschen und unserem ganzen Planeten zu neuer Kraft und Freude zu verhelfen. Wir sind nicht machtlos, unerschöpfliche Kräfte sind es, die uns jetzt zur Verfügung stehen.

Es gibt überall Kreise, kraftvolle Mandalas, die nur darauf warten, erkannt und genutzt zu werden.

## 5

Einige Tage später lief mir meine Freundin aus der Schwitzhütte zufällig über den Weg. Wir standen an einer Straßenecke und begrüßten uns.

„Predigten", sagte sie und strahlte dabei über das ganze Gesicht. „Fangen morgen an. Du kommst."

Dies war weder eine Einladung noch eine Frage, es war eine Feststellung. Ich war unschlüssig.

„Wo?"

„Im Andachtshaus."

Eine der vielen Missionsstationen, wie ich etwas traurig annahm. Außer der spaltenden Wirkung, die so viele rivalisierende Sekten und Kirchen auf die indianischen Gemeinden hatten, lehrten die meisten Geistlichen stillschweigend oder auch ganz offenkundig, daß der alte Glaube an den Großen Geist heidnischer Aberglaube, der Medizinmann ein böser Zauberer im Bund mit dem Teufel und die Schwitzhütte ein offenes Tor zur Hölle sei.

Ihre Kirche mag anders sein, eine der toleranteren, da sie an Schwitzritualen teilnahm. Ich wollte sie ermuntern weiterzusprechen und fragte:

„Wann?"

Ihr Lächeln verschwand. Auf einen bestimmten Zeitpunkt festgenagelt, reagierte sie wie so viele Indianer ausweichend und mit einem Ausdruck von Überraschung und Widerwillen gegen eine so unangebrachte und indiskrete Frage. Dem folgte ein kaum wahrnehmbares Schulterzucken und, nachdem sie sich wieder gefaßt hatte, das Bemühen, dem Unwissenden das doch so Offensichtliche zu erklären.

„Wenn die Zeit dafür richtig ist." Sie machte ein paar hilfreiche Gesten. „Wenn die Sonne untergeht."

Eine Abendandacht also. Eine ganze Reihe von Andachten

wohl, da sie ja von Predigten (sermons) gesprochen hatte, die ‚beginnen' sollten. Ich suchte nach einer plausiblen Ausrede. Dann traf es mich wie ein Schlag, was sie wirklich gemeint hatte: Zeremonien im Zeremonienhaus. Das wäre ganz in der Nähe der Schwitzhütte.

„Ich werde da sein."

Sie nickte. „Bring ein Kissen mit, auch etwas zu essen. Wir seh'n uns."

Damit wandte sie sich zum Gehen. Die Fußgängerampel schaltete auf Grün um. Ich ging, aber in meinem Herzen tanzte ich. Ich hatte die vier Runden der Schwitzhütte durchgestanden und die Pfeife geraucht, und nun hatte man mich angenommen.

Keine indianische ‚Sermony'* würde mir mehr völlig fremd sein. Es würde eine weitere tiefe Erfahrung sein.

Am nächsten Tag fuhr ich zu einer Stunde, die ich noch für reichlich früh hielt, ins Reservat, stellte aber fest, daß ich schon fast zu spät kam. Es parkten Autos und Kleinlaster im Feld und eine lange Menschenschlange hatte sich vor dem Tipi des Medizinmannes gebildet, der zu Gast war. Ich erkannte mehrere Gesichter. Es schien zwar keiner überrascht zu sein, mich zu sehen, aber niemand sprach und niemand lächelte. Es war dies eine ernsthafte Aufstellung. Einer nach dem anderen gingen sie ins Tipi und kamen nach einer scheinbar langen Zeit immer noch schweigend wieder heraus und verteilten sich bei den Autos. Kurz darauf sah ich sie mit Bündeln, Kissen und

---

* Der Begriff Sermony ist eine sprachliche Hybride, die Vermischung von zwei nichtverwandten, aber einigermaßen ähnlich klingenden Wörtern. Das englische Wort ceremony bedeutet Zeremonie und wurde zum Sammelbegriff für indianische Riten und Feiern (was die Anwendung des Wortes in der Sprache des ‚weißen' Amerikas nie tangierte). Gekreuzt wurde dieser Begriff mit dem Wort sermon, also Predigt, das die Indianer durch die Missionskirchen kennenlernten, wo Gottesdienste hauptsächlich aus langen Predigten bestanden. Die so entstandene Bezeichnung Sermony wird regional von Indianern verwendet.

Ich war die Letzte der Schlange, ‚am Schwanzende der Kuh' sozusagen, aber als ich schließlich an der Reihe war, erschien es mir doch viel zu schnell. Ich hätte gerne etwas länger gewartet, um das Geschehen aufzunehmen. So muß es wohl vor einhundert, zweihundert, vor unzähligen Jahren ausgesehen haben. Außer den Autos hinter mir gab es nichts, was zum 20. Jahrhundert gehörte. Vor mir sah ich nur das Tipi mit seinem Bündel hoher Stangen, die in den Himmel ragten, ein Arapaho Tipi, so viel wußte ich. Der Medizinmann war ein Büffelmann der Arapaho.

Sein Zelt hatte er auf einem Kleinlaster mitgebracht. In den alten Tagen hätte man die Stangen an Pferden festgebunden und bevor es Pferde gab, an Hunden oder Frauen, die alles, was man zum Nomadenleben brauchte, hinter sich herzogen. Abends trugen die Stangen die Tipis. Was hätte wohl praktischer sein können? Wenn der Indianer, den man dafür schalt, daß er das Rad nicht erfunden hatte, dieses als Transportmittel eingesetzt hätte, wäre es ihm unmöglich gewesen, dort hinzuziehen, wo es notwendig war, noch wären die Räder bei seiner Ankunft von Nutzen gewesen. Räder waren schwerfällige, plumpe Gegenstände, die der ständigen Reparatur bedurften und Straßen, auf denen man reisen konnte. Stangen konnte man dagegen leicht ersetzen und ohne Schwierigkeit dorthin mitnehmen, wohin sie ein Pferd, ein Hund oder eine Frau ziehen konnten.

Räder waren nur wichtig für die Ideen, die sie verkörperten. Eingeborene Amerikaner besaßen das Große Medizinrad. Sie verbrachten ihr Leben im Kreis und kannten die symbolische Bedeutung des Rades in all seinen Formen. Kreise und Scheiben waren vielbedeutend, wie auch Quadrate und Stangen. Ich zählte neun Stangen an dem Tipi. Zahlen waren von großer Bedeutung. In den alten Tagen hätte man achtzehn bis zwanzig Häute für die Plane eines Tipis gebraucht, mehr vielleicht noch für die Hütte eines Medizinmannes, und sie wäre mit lebhaften traditionellen Mustern verziert worden.

Das Tipi vor mir bestand aus Segeltuch und hatte keine Verzierungen. Doch hatte es die richtige Form und Größe, und in seinem Inneren befand sich ein echter und kraftvoller Medizinmann, wie ich bereits aus der Erfahrung in der Schwitzhütte wußte, denn es war der Mann, den ich ‚Power Man' nannte.

Viel zu schnell war ich an der Reihe, die Türklappe beiseite zu schieben, um gebückt einzutreten. (Das Haupt beugen mußte man tatsächlich und sich zugleich zusammenziehen.) Als ich wieder aufrecht stand, überraschte mich die kühle Geräumigkeit, und bei dem Fehlen von Durcheinander fühlte ich mich wohl.

Power Man saß auf einer niedrigen Liege, die mit einer türkisblauen, gemusterten Decke überzogen war. Er begrüßte mich nicht, sah nicht einmal auf. Seine Frau saß auf dem Boden und arbeitete an etwas. Sie lächelte und winkte mich näher heran. Ich sah, daß sie kleine Quadrate aus weißem Tuch mit Tabakprisen füllte und sie zusammenband. Sie legte sie hin, um die Pfeife ihres Mannes aufzunehmen.

„Willst du die Pfeife überreichen?"

Sie zeigte mir, wie sie gefüllt und gehalten wird, gab mir die Worte, die ich beim Überreichen sagen sollte.

„Dann sagst du ihm, was dir fehlt."

Sie bemerkte mein Zögern und fügte hinzu: „Du bist krank? Du hast Probleme? Familie braucht Hilfe? Sag es ihm. Das einzige, was du nicht erbitten darfst, ist Geld. Du kannst um einen Job bitten, den du brauchst, um deine Familie zu versorgen, und solche Sachen, aber nicht Geld. Die Großväter hören Geld einfach nicht."

Sie winkte mich an Power Man heran und ich ging, die Pfeife tragend, etwas zittrig, etwas überrascht. Was wollte ich wirklich? Ich war krank, ich war pleite, ich hatte Probleme genug, aber darum war ich nicht gekommen, auch nicht aus schnöder Neugier. Natürlich war ich neugierig, begierig auch, aber ich bin doch gekommen, dachte ich, mit der konfusen Idee, mich selber im Dienst zu opfern, als verspätete Wiedergutmachung für das Unrecht, das den rothäutigen Völkern widerfahren war.

Bei den wenigen Schritten, die ich brauchte, um ihn zu erreichen, verstand ich, daß ein Angebot dieser Art ein Verkehren der Situation, so wie sie sie sahen, bedeuten würde, vielleicht, ein Verkehren der Realität. Ich hatte nichts, was diese Menschen brauchten, was sie wollten oder akzeptieren würden. Die Kraft zu segnen, zu heilen und zu erleuchten gehörte ihnen. Ich war da, um zu empfangen, ein Bittsteller zu sein, ein ‚Erhörter'.

Ich sprach die Worte, die sie mir gesagt hatte, ich überreichte die Pfeife und stand erwartungsvoll vor ihm. Eine Pause. Er sah mich an, sah in mich und durch mich hindurch. Ich starrte ihn vertrauensvoll an, konnte aber nicht sprechen. Er begann, den Tabak, den ich für ihn gestopft hatte, zu rauchen, während ich mit gebeugtem Kopf dastand, mich selber opfern wollend, still bittend, eine Brücke werden zu können zwischen ‚der gesegneten Gesellschaft aller gläubigen Menschen' jeder Hautfarbe, aller gläubigen Lebewesen, sowie Vögeln und Tieren und wachsenden Wesen und daß, im Laufe der Zeit, ich ein Instrument des Großen Geistes, eine Heilende des Elends, werden könnte.

Der Rauch ringelte sich zwischen uns hoch, umkreiste meinen Kopf. Dann verschwand er. Power Man sah zu mir hoch. „Die Großväter wissen, was du willst. Sie hören, was du sagst. Du bekommst deine Antwort. Kommt vielleicht nicht schnell, nicht alles auf einmal. Du bekommst sie, wenn die Zeit dafür richtig ist."

Er gab mir die Pfeife, und ich nahm sie und reichte sie seiner Frau, die sagte: „Morgen, wenn du kommst, bringe . . ." Sie sagte mir, was und wieviel davon, und gab lächelnd zu verstehen, daß ich entlassen war.

Ich hob den Türvorhang und ging gebeugt hinaus. Weitere Leute warteten, die angekommen waren, als ich die zeitlose Zeit darin verbracht hatte. Noch immer zitternd ging ich bewußt selbstbeherrscht zum Wagen, holte das Kissen und die Obstschale und machte mich auf die nächste Etappe dieses Pfades, auf den ich, ohne Vorgedanken oder ausreichende bewußte Überlegungen, plötzlich meine Füße gesetzt hatte.

# 6

Wieder einmal war ich in dem Wohnzimmer der Strongs. Ich hatte mich gewundert, warum es so unverhältnismäßig angelegt war, so groß und langgestreckt, so unmöbliert. Jetzt begann ich zu verstehen. Sogar der Tisch, an dem wir nach der Schwitzhütte gegessen hatten, war verschwunden. Da waren nur Menschen, die entweder entlang den Wänden saßen oder auf ihre Plazierung warteten. Ich schloß mich einer Gruppe nahe der Tür an. Ein Mann nahm meine Obstschale und stellte sie in die Küche, wo ich einen improvisierten Tisch sehen konnte, der mit Essen überhäuft war.

Tsaviaya stand in der Mitte des Raumes und überprüfte eine Liste. Wenn er Namen ausrief, gingen die Genannten mit ihren Sitzkissen nach vorne und bekamen einen Platz zugeteilt. Der Mann, der mir die Schale abgenommen hatte, ging zu ihm und sagte etwas, dann sahen mich beide an. Tsaviaya winkte mich heran.

„Wirst du behandelt?"

„Ich glaube ja."

Er schüttelte den Kopf über eine so törichte Antwort.

„Du hast die Pfeife überreicht?"

„Ja."

Er schrieb meinen Namen auf seine Liste, hakte ihn ab und zeigte mir, wo ich sitzen sollte, in der vordersten Reihe zwischen einer jungen Frau und einem alten Mann. Ich war froh, den mir zugewiesenen Platz einnehmen zu können und so weniger auffällig zu sein. Meines war das einzige nichtindianische Gesicht in der ganzen Versammlung. Meinem Eindruck nach müßten hier weit über hundert Menschen sein, Männer, Frauen, Kinder und Säuglinge, alle auf Sitzpolstern auf dem Fußboden, jeder mit dem Anrecht auf einen gleichen Raumanteil, jeder gleichermaßen wichtig in echter Demokratie. Ich sah zu, wie sie plaziert wurden, manche in Familien, manche alleine wie ich. Bald bildeten wir zwei Reihen entlang drei Wänden des Raumes. Die vierte Wand, gegenüber meiner Reihe, blieb leer. Ich sah meine Freundin aus der Schwitzhütte sowie andere, die ich kannte, und lächelte ihnen unsicher zu, aber das Lächeln wurde nicht erwidert, es gab kein Zeichen des Erkennens. Dies war kein gesellschaftliches Treffen. Wir waren zusammen, aber alleine.

Es wurde nicht gesprochen. Nachdem alle Sitzplätze erhalten hatten, entstand eine lange Pause, eine Zeit der Vorbereitung. Ich wurde mir prüfender Blicke bewußt, und dann erinnerte ich mich an einen anderen Ort in der Vergangenheit, wo ich mich genauso gefühlt hatte wie jetzt. Ich hatte bewußt empfunden, wie mich mein menschliches Äußeres fehl am Platz erscheinen ließ, obwohl ich damals wie jetzt wußte, daß ich dort war, wo ich sein wollte und sollte.

Es war in Paris, 1927 oder 28, in der Kathedrale von Notre Dame. Ich war früh morgens an einem Wochentag dorthin gegangen, um zu ruhen und zu meditieren. Es gab da einen schattigen Winkel an einer Säule, den ich immer aufsuchte, denn von dort konnte ich das große Rosettenfenster betrachten, eines der kompliziertesten Mandalas der Welt, voller Kraft und Licht. Die Orgel spielte, aber ich war alleine in der halbdunklen Weite des Kirchenschiffs.

Plötzlich wurden die riesigen Türflügel des Westeingangs aufgestoßen. Dies hatte ich noch nie erlebt, denn man trat immer durch eine kleine Tür in einem der Torpaneele ein. Fahnen wurden hereingetragen, die Fleur de Lys, die Trikolore und andere mit Nummern und Symbolen. Dahinter marschierte eine Prozession in dunklen Anzügen in das Kirchenschiff. Als sie näher kamen, sah ich, daß alle junge Männer waren, die Mehrzahl sogar Jugendliche. Auf ihren Bannern stand J.O.C., *Jeunes Ouvriers Catholiques.* Es waren die Jocisten, junge katholische Arbeiter aus ganz Frankreich, die einen besonderen Gottesdienst in ihrer Kathedrale feiern wollten. Und hier war ich, keine Katholikin, keine Arbeiterin, keine Französin, ausweglos zwischen ihnen eingereiht. Glücklicherweise trug ich ein dunkles Kostüm, keinen Hut und hatte kurzes Haar. Auf Entfernung müßte ich nicht auffallen, zumindest bis aufgestanden wurde. Dann würde mich mein Rock als Mitglied des anderen Geschlechts verraten. Ich drückte mich nervös an meine Säule, als eine Reihe junger Arbeiter die Bank neben mir füllte.

Die Lichter gingen an, die Orgel ertönte triumphal, die Chorbänke füllten sich mit weißen Gewändern. Eine weitere Prozession formierte sich am Altar. Kreuz, Kerzen, Weihrauch, Ministranten und Priester und dahinter dieser selten zu sehende Kirchenfürst, der Erzbischof von Paris, in all seinen funkelnden Gewändern, in Begleitung zweier geringerer Persönlichkeiten in ihren feinsten Roben. Wir knieten nieder, um seinen Segen zu empfangen, als er an uns vorbeiging. Als wir uns wieder zurechtgesetzt hatten, blickte mich der Junge neben mir flüchtig an und hielt mir sein Gesangbuch zum Mitlesen hin. Er hatte das spitze, hagere Gesicht der Pariser Armen, wie es oft in den Puppentheatern parodiert wurde. Er gehörte eigentlich in seine Baskenmütze und den schwarzen Schurz, mit seinen Büchern auf dem Weg zur Schule. Er hätte um die vierzehn sein können, aber er hatte sicherlich mehr als das erforderliche Alter, um die Schule zu verlassen, und nun war er offiziell ein Jocist und ein Mann.

Wir folgten dem Gottesdienst gemeinsam, kameradschaftlich. Wir beteten, sangen und nahmen uns die Ansprache des Erzbischofs zu Herzen. Als sich die Prozession erneut zum Abgang formierte und sich die große Kirche leerte, fühlte ich mich ganz normal als junger katholischer Arbeiter. Später einmal machte ich mir traurige Gedanken darüber, was mit ihm und diesen etwa zweitausend jungen Franzosen wohl geschah, als der Zweite Weltkrieg die Welt entzündete.

Die Frau links von mir rührte sich. Ihre Bewegung brachte mich durch Jahrzehnte auf das Sitzkissen neben ihr zurück. Während sie sich etwas hob, um ihre Beine zu entspannen, spürte ich den Krampf in den eigenen Beinen und Rückenschmerzen. Ich war körperlich sehr schlecht dafür beschaffen, länger mit gekreuzten Beinen still zu sitzen. Ich begann, die Reihe der Frühangekommenen hinter uns zu beneiden, denn sie konnten sich an die Wand lehnen, aber vielleicht würden wir in der ersten Reihe besser sehen können.

Aber jetzt war Bewegung einer anderen Art an der Tür. Ein Fürst dieser Kirche trat ein, der Medizinmann in seiner ‚Festbekleidung': Jeans, Sweat-Shirt und Würde. Ihm folgten seine Frau und vier Männer. Sie nahmen ihre Plätze an der leeren Wand mir gegenüber ein. Da sie die gesamte Aufmerksamkeit auf sich zogen, nutzte ich die Gelegenheit, mein Gewicht so zu verlagern, daß es woanders wehtat, und ich ermahnte mich streng, die Unbequemlichkeit zu ertragen.

Die Deckenbeleuchtung ging an, zwei nackte Glühbirnen, die an ihren Drähten hingen. Männer waren damit beschäftigt, Decken vor die Türen und Fenster zu nageln. Ein angenehmes Gefühl der Trennung von der Außenwelt kam auf. Ich hatte dies in der Schwitzhütte gespürt, zusammen mit dem Auslöschen von ‚Uhr-Zeit'.

Power Man saß still neben seiner Frau. Ab und zu flüsterte sie ihm etwas zu und er lächelte. Sein Lächeln war sanft und lieblich. Seine vier Begleiter trafen Vorbereitungen in der Mitte des Raumes. Sie markierten ein langes Rechteck, indem sie in jeder Ecke bunten Stoff an Stöcken befestigten und diese dann mit weißen Stoffstreifen miteinander verbanden. Ich war mir nicht sicher, aber ich dachte, daß dies die kleinen Bündel waren, die ich bei Power Mans Frau im Tipi in Arbeit gesehen hatte. Wenn dies zutraf, mußte sie viele Stunden gearbeitet haben, denn das Rechteck maß etwa 9 mal 6 Meter.

Die Form erinnerte mich an Bilder von Langhäusern, die ich gesehen hatte, und auch an die Anordnung eines Freimaurer-Tempels. Der Begriff des Schützenden Walles um stark geladene Orte, an denen Kraft erzeugt werden konnte, war mir geläufig. Manchmal war der Wall fest in den Boden gebaut, aber hier wurde er vor unseren Augen erstellt, zu sehen, aber nicht zu berühren. Niemand konnte seinen Platz verlassen, um mit einer tolpatschigen Bewegung von Hand oder Fuß den Wall oder die heiligen Dinge, die er umgeben würde, zu entweihen oder zu stören. Und doch konnten alle den Vorbereitungen Schritt für Schritt zusehen und darüber nachsinnen.

Ich wußte, daß ich mich vollkommener in die Mysterien der bevorstehenden Zeremonie vertiefen würde, wenn ich das zu Sehende und zu Hörende in Verbindung mit anderen Erlebnissen und Traditionen brachte. Dann könnte ich von Anfang an hineingezogen werden und insbesondere vermeiden, daß ich, von der lockeren Art, wie die Dinge abzulaufen schienen, getäuscht, gewisse innere Bedeutungen verpassen und dabei am äußersten Rand der Unkenntnis zurückbleiben würde.

Alles, was getan wurde, wirkte tatsächlich leger, wurde auf eine zwanglose, sogar beiläufig erscheinende Weise von Tsaviaya und den anderen schweren, kräftig gebauten Männern verrichtet, die sich behende auf nackten Füßen bewegten. Keine Hektik, keine raschen Bewegungen, keine Wichtigtuerei der Ministranten, kein andauerndes Hinknien und Aufstehen und kein Klingeln von Glöckchen.

Ich dachte an die vielen Male, die ich meine Schuhe ausgezogen hatte, wie in Indien vor Betreten eines Tempels oder Schreins und zuletzt vor der Schwitzhütte. Ich dachte an Moses und die Stimme aus dem brennenden Busch: „Leg deine Schuhe ab, denn der Ort, wo du stehst, ist heiliger Boden!"

Nun machten drei Männer einen Rundgang durch den Raum. Sie trugen einen Eimer voll Wasser, einen Teller mit räuchernden Kräutern und ein Tablett, auf dem etwas gehäuft war. Der Mann mit dem Eimer hielt ihn jedem Einzelnen an die Lippen, zuerst in der hinteren Reihe, dann in der vorderen. Der Mann neben mir hielt den Eimer mit den Händen ruhig; ich machte es ihm nach. Es war reines Gebirgswasser, kalt und kräftigend. Dies mußte dem Besprengen mit Weihwasser gleichkommen, nur, anstatt das Gebäude zu besprengen (den Schwingungen nach zu urteilen, die es durchliefen, war es bereits gesegnet), tranken wir das geweihte Wasser, um uns zu reinigen und zu festigen, und wir, aus der Hetze der alltäglichen Welt kommend, hatten es nötig.

Nun kam der Teller mit den brennenden Kräutern, das Opfern des Rauches. „An jedem Ort soll Weihrauch geopfert werden“, an jedem Ort, auch an diesem. Eingeborene Amerikaner kommen der Einhaltung dieser Vorschrift näher als jene Leute, die diese Worte einmal wöchentlich in den Kirchen singen. Sie verwenden den Rauch nicht nur bei den Schwitzritualen, Zeremonien und sakralen Tänzen, sondern sie segnen sich selbst damit, wie auch ihre Kinder, Häuser, Fahrzeuge, Nahrung, alles, was ihnen gegeben wird, alles, was sie verschenken, und natürlich ihre Schwitzhütten, Zeremonien-Häuser und Heiligen Pfeifen.

„Während der Weihrauch steigt . . . laß Deine heiligen Engel . . .“, die Geister der Erde und des Wassers und der Luft und des Feuers, die Beflügelten, die Boten, die Adler, Großvater Adler, Vermittler zwischen Lebewesen und der Großen Vorstellung, die sie erschuf, „. . . Dein Volk umgeben und den Geist Deines Segens darauf hauchen.“

Meine Nachbarn nachahmend, nahm ich Rauch in meine Hände und fächerte ihn über mein Gesicht, meinen Kopf, meine Seiten hinab bis zu meinen Füßen, sagte dem Überbringer „Danke“ und beugte meinen Kopf.

Nun kam das Tablett mit Salbeizweigen. Jeder nahm einen und steckte ihn sich hinter das rechte Ohr, verbeugte sich und sagte „Danke“ auf englisch. Dies erschien mir merkwürdig, bis mir einfiel, daß die anwesenden Indianer diversen Stämmen angehörten und die gegenseitigen Sprachen nicht kannten. Einige waren gar keiner Indianersprache mächtig, also mußte Englisch die verbindende Sprache sein.

Jetzt waren wir alle richtig vorbereitet, bis hin zum kleinen Säugling, aber was war die Bedeutung des Salbeizweiges hinter dem Ohr? Die Bibel und andere heilige Texte enthalten unzählige Hinweise auf Ohren in der Einzahl und Mehrzahl. Ich müßte sie nachschlagen. Der bedeutendste Passus war wohl: „Wer ein Ohr hat, um zu hören, der höre.“

Salbei und einige seiner Anwendungen kannte ich. Vielleicht war unter seinen Eigenschaften auch die, Ohren zu öffnen. Zuhause würde ich das Ohr studieren, die Muschel, die Vibrationen und Mechanismen des übermittelten Tons, und über innerliches und äußerliches Hören reflektieren.

Unterdessen hatte Power Man seine Schuhe ausgezogen und stand in der Mitte des Rechtecks mit dem Rücken nach Osten. Zwei Männer fesselten seine Hände hinter ihm, führten den Strick zu seinen Füßen und schnürten ihn fest. Dann wickelten sie ihn in die blaue Decke, die ich im Tipi gesehen hatte. Das Muster war mir jetzt klar erkennbar. Sie schnürten die Decke an ihm fest, zogen sie über seinen Kopf, banden sie um seinen Hals und die Seiten entlang, bis er wie eine große, hagere ägyptische Mumie wirkte, die von Dienern gestützt wird. Mit einer schnellen Bewegung (nach den vielen langsamen) legten sie ihn mit dem Gesicht nach unten auf den Boden. Tsaviaya umkreiste ihn dreimal, wobei er mit einem glimmenden Büschel Süßgras wedelte.

Dann ging das Licht aus, was überraschend und unerwartet war. Zugleich war es aber auch eine spürbare Erleichterung. Die Reihen der Gesichter waren verschwunden, auch das Gefühl, starrende Blicke abwehren zu müssen, und die Schwierigkeit, sich auf die Geschehnisse konzentrieren zu können. Ich hatte bislang gedacht, daß die Decken vor Türen und Fenstern symbolisch Schutz bieten sollten, als Riegel gegen die Außenwelt. Stattdessen wurde die Nacht eingeschlossen, die Ur-Finsternis, der alles, was ist, entspringt.

Ich erinnerte mich an eine Stufe der Mysterien, von der es hieß, daß Licht dieses Grades ‚nur sichtbare Dunkelheit' sei, ein Zustand des Erwartens, eine Erweiterung des Bewußtseins durch die kontrollierte Unterdrückung eines körperlichen Sinnes. Ich saß regungslos auf meinem Sitzkissen. Mein Rücken tat nicht mehr weh. Mich umgab nur die beruhigende Stille des schwarzen Abgrundes.

Dann ertönten die Trommeln.

## 7

Ich habe schon vielerorts Trommeln gehört. Nachts in Afrika, aber nicht in völliger Dunkelheit, denn es gab Fackeln und Mondlicht. Auch bei Bestattungen und Militärparaden, aus Trauer, aus Stolz, um Lust am Krieg zu wecken; als Bestandteil klassischer Musik in Konzertsälen; bei dem höllischen Lärm des ‚Rock' im Radio, bevor man aufspringen konnte, um es abzustellen. Ich verstand die Wirkung von rhythmischen Klängen auf die menschliche Hülle, aber ich hatte, wenn ich vorher Trommeln hörte, nie den Rhythmus, die Dringlichkeit, die überwältigende Aufforderung wahrgenommen, die mich jetzt brandungsartig mitriß.

Ich wiegte mich in Ekstase, der Salbeizweig zitterte hinter meinem Ohr. Der Salbei mußte ein Schutzmittel sein, denn dieser Donner, der sich auf uns entlud, sprengte fast die Grenzen des Ertragbaren. In Afrika lernte ich, daß Trommeln in den Händen von Schamanen und Medizinmännern Ekstase hervorrufen können. Ekstase und Schrecken liegen nur eine Körperschwankung weit voneinander entfernt. Mir wurde gesagt, daß die Trommel das Herz und auch den Opferaltar darstellt, daß sie das Verhältnis zwischen den oberen und unteren Sphären symbolisiert, Donner wie auch Blitz ist. „Aus der Finsternis kam der Ur-Ton", das erste aller Dinge, das geschaffen wurde, die Ursache der Geburt der Welt.

Am Anfang war das gewaltige, donnernde WORT.

Ja, ja zu alledem, aber ich hatte noch immer nicht die Ganzheit von Ton gehört, bis der Ruf begann. Trommeln und Stimmen schwebten zusammen, flehten Die Oben an, einzutreten und die für Sie vorbereiteten Plätze einzunehmen. Ich verstand, was wir taten, ich kannte die Dringlichkeit, die Bedeutung des Rufes, und mit den anderen stimmte ich in den Ruf ein, mit hohen, nasalen Tönen einer Stimme, die ich nicht als meine erkannte. Und doch kamen sie von meinen Lippen, und die Tonschwankungen und die uralten Silben waren mir bekannt.

Dies war die Beschwörung, das Kommt-Herein-Lied an die Geister, und eine Mahnung an uns, für Sie bereit zu sein, wenn Sie kamen. Es war eine Nacht der Gegensätze. Die Dunkelheit hatte mich erblinden lassen und beruhigt, die Geräusche hatten mich taub werden lassen und erhoben, und nun stürzte ich in Stille, endlos und vollständig. Alles hatte aufgehört. Nach einer Pause sprach die sanfte Stimme von Power Mans Frau mit Bestimmtheit: „Die erste Gruppe in der vorderen Reihe soll aufstehen." Es gab Bewegung am entfernten Ende der Reihe, aber um mich herum rührte sich keiner, also blieb ich sitzen. Die ruhige Stimme fuhr fort: „Sind alle bereit?" Jemand antwortete „Ja". Trommeln und Gesang setzten wieder ein, jetzt aber war es anders, kein gequälter Hilferuf, sondern mehr ein entschlossenes Bekenntnis, eine So-soll-es-sein-Kraft.

Lichter fingen an, um uns zu flackern, wie bei einer Séance. Ich vernahm Kürbisrasseln, das sich unter das Trommeln mischte, das den Gesang untermalte und in Gesangspausen deutlich wurde. Dann wieder Stille.

„Ihr könnt euch setzen", sagte die Stimme. „Die nächste Gruppe bitte aufstehen."

Es war noch immer nicht meine Gruppe, aber die flackernden Lichter und klickenden Geräusche waren näher. Ab und zu schienen undeutliche Bewegungen unter den Lichtfunken vollzogen zu werden. Der Gesang wurde leichter. Ich sang mit den anderen. Wenn ein Kind weinte oder ein Säugling schrie, wurde unser Gesang lauter.

Dann hörte alles wieder auf. Die Stimme sagte: „Ihr könnt euch setzen. Die nächste Gruppe bitte aufstehen." Jetzt war ich dran. Ich stolperte unbeholfen hoch, mit den Fersen an dem Sitzkissen, um sicherzustellen, daß ich in der richtigen Richtung stand. Die Frau neben mir ergriff meine Hand, um uns in eine bessere Position zu ziehen, drückte noch meine Hand kurz und freundschaftlich und ließ sie los, bevor ich den Druck erwidern konnte. Es war der erste freundliche Kontakt dieser Nacht und durfte anscheinend nur im Dunkeln geschehen.

Der Gesang wurde für unsere Gruppe angestimmt. Die Lichtfunken waren über uns und um uns, gingen hoch und nieder, während etwas hinter ihnen vorging. Bald würde ich an der Reihe sein, zu entdecken, was dieses ‚etwas' war. Hier stehe ich, dachte ich, in einer Indianer-Zeremonie, die einzige mit meiner Hautfarbe, kurz davor, behandelt zu werden, vertrauensvoll in den Händen von wem? Von was? Und warum? Das Warum glaubte ich beantworten zu können. Es war mein eigenes Verlangen, bewußt oder unbewußt, da zu sein. Meine Freundin aus der Schwitzhütte hatte mir davon erzählt. Ich hatte es gewagt, und man hatte mich nicht weggeschickt. Jetzt gab es keinen Weg mehr hinaus, auch wenn ich einen gewollt hätte. Ich wollte keinen. Ich war euphorisch, dankbar dort zu sein, wo ich war, ‚aufrecht stehend', offen für was immer auf mich zukam.

Irgend etwas strich über meinen Kopf, fiel auf meine Schultern, festigte mich, und dann wurde ich von etwas Hartem, Rauhem geschlagen, das voller Hitze war, jedes Nervenzentrum traf, jeden schwachen oder wunden Fleck mit einer großen Zielstrebigkeit fand, die unbeirrbar war. Eine der großen Kürbisrasseln — sie schienen enorm groß — streifte über mein rechtes Augenlid, sehr sanft, mit einem federähnlichen Streicheln. Ich rang nach Luft. Seit Jahren hatte mich ein Wuchs auf diesem Augenlid gestört. Wenn er lang genug wurde, hing er zwischen den Wimpern herab und beeinträchtigte meine Sicht. Er wurde schon oft entfernt, ausgebrannt, abgeschnitten, mit Säure ausgemerzt und kam immer wieder. Ich konnte meine Hand nicht heben, um festzustellen, was dieses Mal passiert war, denn meine Schultern wurden von kleinen Fingern oder großen Klauen gepackt und ich wurde energisch umgedreht, damit die Schläge auf meinem Rücken fortgeführt werden konnten. Sie wanderten von meinem Rücken jedes Bein einzeln hinunter, dann wieder hoch, um meine Nieren zweimal zu schlagen. Jeder Schlag schien zu stoßen und das Gewebe mit Kraft und Hitze zu durchdringen. Jeder Schlag traf kritische Teile und ihre Verbindungen und füllte sie mit einem Schmerzgefühl, das dennoch heilend war.

Dann wechselte was immer es war zu der Frau neben mir. Sie betete laut vor sich hin, wie es auch der Mann auf der anderen Seite getan hatte, als er dran war. Ich begriff, daß auch ich laut hätte rufen sollen, um zu sagen, was an mir Heilung brauchte. In jedem Fall hätte ich den Kürbissen danken sollen oder wem immer die Hände oder Klauen gehörten. Woran lag es denn, daß ich nicht sprechen konnte, als ich an der Reihe war und meinen Teil dazu geben sollte? Doch vielleicht war es gut, unfreiwillig stumm geblieben zu sein. Ich hatte dem Medizinmann nichts gesagt, keinem etwas gesagt, hatte selber nicht einmal an diesen lächerlichen Auswuchs gedacht.

„Ihr könnt euch setzen", sprach die Stimme. Dieses Mal war es der Mann neben mir, der meine Hand packte, mir zu dem Sitzkissen half und mich hinsetzte, wo ich hingehörte. Auch er drückte meine Hand freundschaftlich, bevor er sie losließ, und auch an ihn richtete ich dankende Schwingungen. Jetzt konnte ich endlich einen zaghaften Finger an mein Augenlid heben, es vorsichtig betasten. Der Wuchs war verschwunden. Wo er mit Sicherheit gewesen war, befand sich jetzt eine kleine, prickelnde Stelle. Ich strich noch einmal darüber, um sicher zu sein.

Diese Entdeckung überraschte mich mehr als die gekonnten Schläge auf meinen restlichen Körper, die eine routinierte Prozedur hätten sein können, ausgeführt von Männern, die das Arbeiten im Dunkeln geübt hatten und sich auf Socken bewegten (Männer, die Kinderhände hatten oder Klauen trugen?), elektrisch geladene Flaschenkürbisse verwandten (aber wie? Kabel waren ausgeschlossen. Vielleicht Batterien?), die sich auf das Wissen verließen, daß der menschliche Körper gewisse Schwachstellen hat, auf die sich jede Anwendung von elektrischer Massage positiv auswirkt. Aber der Wuchs auf meinem rechten Lid war kaum unter den aufdeckenden Lampen eines

Operationssaales erkennbar, und zu diesem Zeitpunkt hatte er nicht einmal eine entfernbare Größe erreicht. Und warum hatte der Kürbis, wenn das Teil einer Routine gewesen sein sollte, nicht auch das andere Lid gestreift?

Was war der Kürbis, wenn es einer war? Selbst wenn er getragen oder von Menschenhänden gehalten worden wäre (Helfer von Power Man? Tsaviaya? Power Man selbst?), wie könnte irgend jemand und sei er noch so geübt oder fähig, gegebenenfalls auch unter Anwendung von Drogen, die das Sehen im Dunkeln ermöglichten, mehr als hundert Menschen behandeln, mit dieser Schnelligkeit, dieser Genauigkeit, dieser Tiefenwirkung und solcher Gründlichkeit — in meinem Fall bis hin zu dem winzigen Detail eines fast unsichtbaren Wuchses zwischen den Wimpern eines Augenlides?

„Ihr könnt euch jetzt setzen“, sagte die Stimme, und die nächste Gruppe in der Reihe setzte sich hin. Es gab noch zwei Gruppen, dann sagte die Stimme: „Die vordere Reihe tauscht jetzt die Plätze mit der hinteren.“ Ein Suchen begann, ein Tasten von Händen, Schieben von Füßen, leise gehaltenen Ausrufen und gedämpftes Lachen. Schließlich befand ich mich wieder auf meinem Sitzkissen, mit meinen beiden neuen Freunden rechts und links von mir, froh, daß ich eine bequeme Wand hatte, an die ich mich lehnen konnte.

Der individuelle Teil meiner Behandlung war abgeschlossen, nicht aber meine Mitwirkung an der Zeremonie. Später würde ich dieses Erlebnis erneut durchleben und die Erfahrung verarbeiten. Jetzt war es an der Zeit, das, was ich an Kraft erhalten hatte, dazuzugeben, das Durchstehvermögen, das mir noch blieb, dem Gesang zu geben, und zwar mit der bewußten, konzentrierten, eindeutigen Absicht, denen zu helfen, die behandelt wurden, und in Dankbarkeit an die Kräfte, die behandelten.

Es war schwierig, nicht in einen gedankenlosen Zustand zu verfallen, eine Trance der Ekstase unter diesen Wogen von Tönen, die um uns herum barsten, pulsierten, schwebten und zusammenstürzten. Irdische Begriffe von Zeit und Raum waren verschwunden. Ich war alleine in einer Weite aus Wäldern, Bergen, Weiden und dem Meer, und trotzdem keinem davon. Vererbte Erinnerungen der tieferen Bedeutungen der Silben, die ich sang, kamen und gingen, ehe ich sie begreifen konnte. Neue türmten sich auf und fielen zusammen. Wellen von kosmischer Weisheit, kaum begriffen, überwältigten mich, um wieder zu verschwinden. In der Mitte eines großen, sich drehenden Rades aus schwarzen Flammen, in sich schnell verbreitenden Radien eruptierend, blieb das zwerghafte Ich bei seiner Absicht, kämpfte, um Strömungen des Unaussprechlichen zu empfangen, zu erhalten und weiterzugeben.

Natürlich versagte ich und fiel herab.

Plötzlich gingen die Lichter an. Ich war wieder in einem Raum, von all den möglichen Plätzen; auf der Erde, von allen möglichen Planeten; unter Menschen, von allen möglichen Unzulänglichkeiten. Power Man lag noch dort, wo wir ihn zuletzt gesehen hatten, noch immer in seine Decke geschnürt. Er begann in unterdrückten Tönen zu sprechen, so leise, daß ich ihn nicht klar verstehen konnte, aber andere konnten es. Es gab ‚Hei-ehs' und zustimmendes Gemurmel. Ab und zu wiederholte seine Frau, was er sagte, wenn es uns alle betraf, zum Beispiel, daß die Behandelten am nächsten Abend und den darauffolgenden zwei Abenden wiederkommen müßten. Dann löste Tsaviaya die Verschnürungen und Power Man saß aufrecht und sah benommen aus. Seine Helfer traten hervor und fingen damit an, das Rechteck abzubauen und die heiligen Gegenstände zu entfernen. Jemand brachte ihm seine Schuhe, und er setzte sich zu seiner Frau.

Gedämpftes Sprechen verbreitete sich, aber keiner stand auf. Die Zeremonie war nicht beendet. Gemeinsam essen war ein Teil davon, wie bei der Schwitzhütte. Weitere Männer verteilten Pappteller und Becher mit Löffeln und Gabeln aus Kunststoff. Sie legten sie auf den Boden vor uns. Andere nahmen die Decken von den Fenstern und Türen. Power Man, seine Frau und Tsaviaya gingen hinaus.

„Wenn du dich bewegen willst, mußt du den Pförtner fragen", raunte der Mann neben mir. Er erhob sich und ging zu dem Helfer, der die Verteilung der Teller dirigierte. Dies war der Pförtner, offensichtlich ein wichtiges Amt. Einige weitere Männer und Jungen erhielten Erlaubnis, hinauszugehen. Der Rest von uns blieb, wo er war, veränderte lediglich die Haltung, um den Kreislauf etwas anzuregen. Die Säuglinge und einige der Kinder schliefen bereits. Ich war noch immer dankbar, die Bequemlichkeit der Wand zu haben, und mir taten die leid, die sie verloren hatten. Hier und da standen Menschen auf, in ihrem vorgegegebenen Raum, darauf bedacht, nicht auf die Teller anderer zu treten.

Ich blickte wieder zu meiner Freundin aus der Schwitzhütte, um ihr zu danken, daß ich hier sein durfte. Ich fing ihren Blick einen Moment lang, aber dann drehte sie ihren Kopf weg. ‚Ach, wir Armen', dachte ich, ‚schuldhafte Belastung durch Bekanntschaft.' Ich beschloß, sie nicht zu kompromittieren, keine weiteren Annäherungsversuche zu unternehmen.

„Wollen wir aufstehen?" fragte ich die Frau neben mir. „Ich helf' dir, wenn du mir hilfst."

Sie antwortete nicht. Sie war zurückgezogen, fast feindselig. Es war schwer, sich den warmen Händedruck in der Dunkelheit wieder vorzustellen. Ich beschloß, den Versuch aufzustehen nicht ohne ihre Hilfe zu riskieren. Mein rechtes Bein war eingeschlafen. Ich streckte es auf den leeren Platz neben mir und massierte es zum Leben.

Die, die hinausgegangen waren, kamen wieder hereingeschlendert. Power Man und seine Frau kehrten zurück, und das Essen wurde serviert. Beim Aufstellen war es heiß, bis wir anfangen durften, zu essen, war es kalt, denn wir mußten warten, bis jeder Essen hatte, und dann folgte eine lange Segnung — auf Arapaho, meinte ich, denn Power Man sprach sie. Als er fertig war, sagten wir alle „oh-oh" oder „Amen" und begannen zu essen. Ein Gewirr von Gerede erhob sich. Kinder entwischten ihren Eltern und rannten durch den Raum. Ich sah, wie Tsaviaya ein heulendes Kleinkind aufhob und auf seinem Schoß hielt, es mit Happen von seinem Teller fütterte. Ich betrachtete diese enorm großen Hände, so geschickt, so zärtlich und fragte mich, ob sie die Kürbisrassel gehalten hatten. Ich war zu müde zum Denken, zu erschöpft von der Gewaltigkeit des Wechsels vom Sakralen zum Profanen, der mich bereits in der Schwitzhütte erstaunt hatte. Was ich jetzt wollte, war das Ende der Zeremonie und meine Freiheit, um in die Nacht zu entfliehen; nach draußen, dachte ich mit einem bitteren Beigeschmack, dort, wo ich hingehörte.

Und endlich war es tatsächlich zu Ende. Leute begannen zu gehen, sie trennten sich mit Kopfnicken und Verabschiedungen. Ich ging auch. Ich hatte eine lange Fahrt vor mir, achtundfünfzig Meilen ausgebauter Landstraße, dann weitere zehn Meilen auf einem gewundenen, ungepflasterten Weg, bis ich bei meiner Berghütte war. Einen Augenblick lang hätte ich mich am liebsten im Wagen zusammengerollt, um dort einzuschlafen, wo er stand, auf Tsaviayas Wiese, aber dann fand ich das zu anmaßend. Später wurde mir klar, daß viele Leute genau das in ‚Sermony'-Nächten taten. Auch erfuhr ich, daß meine Freundin aus der Schwitzhütte sowie die anderen, die mich wiedererkannt hatten, sich gefreut hatten, mich dort zu sehen, und stolz darauf waren, daß ich mitmachte. Es dauerte eine Weile, bis ich dies auch glaubte.

# 8

Die lange Fahrt verstrich glatt, fast unbemerkt. Wegstrecken schienen sich bereits hinter mir zu verlieren, bevor ich sie erreichte, ein Dorf wurde einfach ausgelassen. Es war nicht das erste Mal, daß ein Etwas die Kontrolle über meine Hände und Füße übernahm und den Wagen für mich lenkte. Wenn es passierte, war ich immer erschrocken und nervös, wenn auch dankbar, aber es war eine Kraft, die ich nicht gerufen hatte und über die ich keine bewußte Kontrolle besaß.

Die Morgendämmerung deutete sich bereits in den Bergen an, als ich meine Hütte erreichte. Normalerweise stehe ich früh auf, um dieses Licht zu sehen, besonders im Winter, wenn der Schnee auf den Gipfeln lavendelfarben-rosa erglüht. Heute aber hatte ich nur noch einen klaren Gedanken: schlafen, genesen, mich erholen. Ich stolperte zum Bett und warf meinen Körper darauf, samt Kleidung und Schuhen.

Als ich erwachte, war die Sonne an ihrem Höhepunkt. Mir tat jeder Fleck weh, den die behandelnde Kürbisrassel berührt hatte, und der Rest tat auch weh, wohl aus Mitgefühl, aber es war ein beruhigender, heilender Schmerz. Darunter ging es meiner menschlichen Hülle gut, auch wenn sie müde war. Mich interessierte mehr, was mit ihrer Trägerin geschehen war.

Ich hatte die Lehren vieler geistiger Führer studiert, von Lamas und Gurus und gehörte einem Orden an, dessen Leitgedanke ‚Erkenne dich selbst‘ war. Mir schien, daß in dieser merkwürdigen vergangenen Nacht ein Zusammenschluß verschiedener Ebenen stattgefunden hatte, ein Zusammentreffen der Mentalebenen. Sri Aurobindo definiert die mentalen Ebenen als gewöhnlich, gesteigert, erleuchtet, weiterleitend, intuitiv und übermental.

Meine gewöhnliche mentale Ebene hatte sich mit oberflächlichen Einzelheiten und kleinen Unbequemlichkeiten beschäftigt. Sie reagierte verstört, als sie dort kecke Sicherheit entdeckte, wo bisher ein schon zur Gewohnheit gewordener Mangel an Selbstvertrauen gewesen war, eine fast krankhafte Schüchternheit, die sich meist als Flucht in sichere Einsamkeit äußerte. Meine gesteigerte mentale Ebene, auf die Entfaltung der Zeremonie konzentriert, sortierte Eindrücke, stellte Vergleiche an, versuchte Wissen jenseits der Beschränkungen von bewußtem, logischem Denken zu erfassen und zu behalten. Meine erleuchtete mentale Ebene befand sich in einem Zustand seelischer Entspannung und Glückseligkeit, des Enthusiasmus (im Sinne der griechischen Auffassung dieses Wortes), im plötzlichen Erkennen von Wahrheit ohne den Zwang, sie zu zerstückeln oder auch nur verstehen zu müssen. Zusammenhänge könnten sich später verdeutlichen durch die weiterleitende mentale Ebene, vibrierend in dem, was Sri Aurobindo „einen strahlenden Schwung“ nennt. Meine intuitive mentale Ebene wirbelte in stückweiser Erleuchtung, Blitze zuckten aus Stille, geistiges Feuerwerk, sich verflüchtigend und neu formierend, Punkte der Erkenntnis, die bereits verschwanden, während sie auftauchten, zu schnell für gesammelte Gedanken oder Gedächtnis. Meine übermentale Ebene war über die Analyse erhaben, aber es hatte in der endlosen Finsternis und in dem Strudel von Geräuschen eine Zeit gegeben, in der mein Zwerg-Ich bis an den Rand jener ‚Ebene des kosmischen Bewußtseins ohne den Verlust des Individuums‘ gesaust war.

Ich reflektierte und sortierte noch immer an dieser Vielfalt von Eindrücken, als ich mich auszog und zu dem runden Pferdetrog ging, den ich mein ‚Guru-Bad‘ nannte. Sein Wasser kam von einem Gebirgsbach, war rein und eiskalt. Hier verrichtete ich meine Waschungen dreimal täglich, bei Sonnenaufgang, mittags und zum Sonnenuntergang, betend und das Gesicht dem Berge zugewandt. Den Sonnenaufgang hatte ich verpaßt, aber es war nach der Sonne zu urteilen jetzt ungefähr Mittag.

„Großer Geist, Freund der Seele . . .“

„Öffne deine Augen in mir, damit ich zu sehen vermag, öffne deine Ohren in mir, damit ich zu hören vermag. Öffne dein Mitgefühl in mir, damit ich es allem, was du geschaffen hast, entgegenbringen kann. Und gib mir die Fähigkeit, die Zeremonie zu verstehen."

All diese mentalen Ebenen saßen in meinem irdischen Gehirn zu Rat, in der kleinen Kammer meines Schädels. Schon zogen sie sich auseinander, lösten die Regenbogenbrücken auf, erweiterten den spärlichen Raum. Es wäre genauso sinnlos, sie oder ihre Offenbarungen festhalten zu wollen, wie zu versuchen, die Strophen oder Melodien der Gesänge, die ich so selbstverständlich gekannt hatte, in Erinnerung zu rufen. Sie gehörten an ihre eigenen Orte und konnten nur dort erfaßt werden. Ich mußte dieses traurige Gefühl des Verlustes sowie die Beschränkungen der dreidimensionalen Ebene akzeptieren, bis Zeit oder Umstände mich wieder zur Wahrheit bringen würden.

„Seine Abwesenheit möge das Kind sein, das ich trage. Alle Tage und alle Jahre."

Ich muß mich Gleichnissen und unzureichender Worte bedienen, um das Unfaßbare zu erfassen, das in dem Oberen Feuer verborgen ist.

„Ewig und in dieser Nacht wird er mich erlösen."

Ich muß bis zum nächsten Aufstieg zur Wirklichkeit zufrieden sein mit dieser Zusicherung und diesen Ersatzgeheimnissen.

Mittlerweile lag ‚heute Nacht' vor mir, die zweite Nacht der Zeremonie, und es mußten Vorbereitungen getroffen werden. Ich mußte einen Teller voll Essen kochen, ein bequemes Sitzkissen finden und in eine weit abgelegene Stadt fahren, um die Sachen zu kaufen, die ich mitbringen sollte.

## 9

Als ich in der Stoffabteilung bei J. C. Penny's ankam, waren dort bereits einige Indianer, die ich kannte, und alle kauften dieselben Mengen von Stoff in verschiedenen Farben. Ich ging zu ihnen hin, und hörte gerade, wie die Verkäuferin sagte: „Es tut mir leid, grün haben wir nicht mehr, aber hier ist etwas hübsches Gestreiftes . . ."

„Muß grün sein."

„Ich bedaure."

Dann verlangte ein Mann dasselbe Maß in Rot, und beim Abmessen fragte die Verkäuferin neugierig: „Was fangt ihr mit diesem ganzen Stoff an? Gibt es ein Pow Wow?"

Köpfe wurden geschüttelt.

„Kein Pow Wow."

Eine Indianerin, die eine der geachteten Ältesten zu sein schien, so wie die anderen ihr Vorrang gewährten, sagte: „Meine Kusine macht Steppdecken."

Die verwirrte Verkäuferin hörte auf zu fragen, und alle waren entspannter.

Es war zweifelsohne eine wahrheitsgetreue Aussage, da man die Wahrheit sprechen muß, besonders vor einer Heilungszeremonie, aber eine Kusine, die Steppdecken nähte, und der Verwendungszweck dieser Stoffe hatten nichts miteinander zu tun. Ich konnte ein Grinsen nicht unterdrücken. Die Frau sah mich an und lächelte ihrerseits. Ich empfand ein plötzliches, warmes Gefühl der Zugehörigkeit, aber man darf nicht zu sehr mit seiner Dauer rechnen. Nun war ich an der Reihe, die Verkäuferin zu verulken, indem ich denselben ausgefallenen Stoff verlangte wie die Indianer, und das mit meinem weißen Gesicht. Sie sah mich argwöhnisch an, stellte aber glücklicherweise keine Fragen, so daß ich keine genialen Sprüche über das Hemd meines Onkels oder den Sonnenschirm meiner Tante erfinden mußte.

Die Indianer gingen zusammen fort, und ich folgte ihnen zum Reservat. Hier war alles wie am vorherigen Abend, Autos auf dem Parkplatz und eine lange Menschenschlange vor dem Tipi. Überreichte man die Pfeife ein zweites Mal? Nein, lediglich die Sachen sollten abgegeben werden, die wir im Auftrag besorgt hatten. Wir gaben sie Power Mans Frau und gingen mit Kissen und Essen über die Wiese zum Zeremonienhaus.

Wir nahmen die Plätze ein, die wir bereits gehabt hatten, aber diesmal wußte ich, daß ich später meinen Rücken gegen die bequeme Wand lehnen konnte, und auch war mein Sitzkissen dicker. Diesmal lächelte die Frau neben mir und sagte: „Hallo“, als ich mich setzte, und der Mann auf der anderen Seite nickte. Ich sah meine Freundin von der Schwitzhütte. Sie erwiderte diesmal meinen Blick und hob ihre Hand zu einem verstohlenen Gruß.

‚Sie haben sich gefragt, ob ich wiederkommen würde‘, dachte ich, ‚und sie scheinen froh zu sein, daß ich gekommen bin.‘

Wir saßen schweigend, während die Vorbereitungen begannen. Es gab einige Unterschiede, nicht in den Vorbereitungen, sondern der Gesamtatmosphäre. Da war blau-graues dämmriges Licht in den Ecken des Raumes, das hinter meinen Augenlidern andauerte, auch als die Glühbirnen brannten und Türen und Fenster abgedeckt waren. Die Gesichter der Menschen waren weniger streng, entspannter. Ihre Körper mochten genauso müde sein und weh tun wie meiner, aber in unseren Gedanken und Herzen war Zuversicht. Wir nahmen unsere zugeteilten, bekannten Plätze ein, wie man sich in einen Theatersessel sinken läßt, in einen Flugzeugsitz oder den altvertrauten Sitzplatz irgendwo. Sie gehörten für die Dauer des Ereignisses uns, wir waren da, wo wir sein sollten.

Sogar die Art, wie wir das reinigende Wasser tranken, uns den heiligen Rauch zufächelten und die Salbeizweige nahmen, hatte etwas anderes an sich, ein entspanntes Gefühl der Vertrautheit, fast der Freude. Ansonsten lief alles ab wie zuvor, das Aufstellen des Schutzwalls, die Plazierung der heiligen Gegenstände in den vier Ecken mit farbigem Tuch, das Fesseln von Power Man und sein Einwickeln in die türkisblaue Decke mit dem Donnervogel-Motiv, die schützende Segnung, die ihm Tsaviaya mit dem glimmenden Süßgras erteilte und die plötzliche totale Dunkelheit, erwartet, aber dennoch überraschend.

Dann geschah der gewaltige Ausbruch von Trommeln und Gesang, und auch dies war anders. Nicht in den Rhythmen oder der Lautstärke, sondern in der Essenz. Es schien mir, als ich den fremdartigen, hochstimmigen, nasalen Tönen zuhörte, die meinen Stimmbändern entsprangen, daß wir dieses Mal eine andere Art von Geist beschworen. Nicht unbedingt von einer höheren Ebene als jene, die vorher gekommen waren, aber von einem anderen Strahl.

Als ich an der Reihe war, behandelt zu werden, wußte ich, daß es so war. Die Hände, die mich umdrehten, waren Greifklauen, ohne eine Andeutung von Fingern, und die Kürbisrasseln, die mich geknufft hatten, waren riesige Federn, enorme Schwingen, die sich über die ganze Länge meines Körpers bewegten, unbeirrbar die kranken Stellen trafen und das Ganze stärkten und erneuerten. Heiße Luft entströmte ihnen und schlang sich um meinen Kopf. Dieses Mal vergaß ich nicht, in den schützenden Gesang hinein meinen Dank laut auszurufen.

Als die Behandlungen abgeschlossen waren, verstummten Trommeln und Gesang. Nicht abrupt wie beim ersten Mal, sondern bis zu einem letzten summenden Ton verschwindend, einem gemurmelten Ommmmmm. Ein Schwirren schnitt durch die Stille, ein Luftstoß wehte über mich, etwas Großes landete rechts von mir. Ein gedämpfter Schrei kam von dem Mann neben mir, dann Stille, durch die ich das ständig pulsierende Schlagen riesiger Schwingen hörte, die hoch über uns am Nachthimmel kreisten, die Luft mit rhythmischen Schlägen umwälzten, herum . . . herum . . . herum . . . Betrachtete Großvater Adler sein Volk und segnete er es, bevor er davonflog?

Die Lichter gingen an, der Himmel war verschwunden, wir waren wieder in einem nach oben hin abgeschlossenen Raum. Power Man kniete ohne Decke in der Mitte des Rechtecks. Die Decke lag auf Kopf und Schultern des Mannes neben mir. Das war es, was ich herunterschwirren gehört hatte. Er tauchte unter ihr hervor und begann, sie langsam und methodisch zusammenzulegen, mit dem Donnervogel-Motiv nach oben. Der Donnervogel! Ganz sicher der Bote, der Vermittler, das Große Wesen, das die Vier Kräfte des Schöpfers darstellt, die Vier Alten Männer, die im Universum walten, der Vogel Gottes. Es war sein Vertreter gewesen, Großvater Adler, der die Schwitzhütte besucht hatte.

Wir saßen wieder auf unseren Plätzen, warteten auf die Verteilung des Essens und das Tischgebet. Wieder aßen wir, und nach einer angemessenen Zwischenzeit nahmen wir unsere Kissen, verabschiedeten uns und brachen auf. Mein Nachbar, durch das Überwerfen der Decke geehrt, ging neben mir zu den Autos. Sein Schritt war stolz, er strahlte Freude aus. Als wir die Wiese halb überquert hatten, hielt er an.

„Du kommst morgen? Zweimal noch." Er zögerte, blickte zu Boden und fuhr schüchtern fort: „So wirst du auch Segen bekommen."

„Ich weiß," erwiderte ich, „ich bin sehr gesegnet."

„Teile mit anderen", sagte er, „teile alles."

Wir verabschiedeten uns und gingen unserer Wege. Mein Wagen stand am entfernten Ende der Wiese. Als ich ihn erreichte, war die Versuchung groß, mich auf dem Rücksitz zusammenzurollen und zu schlafen, aber ich dachte an die Waschung, an die Pflanzen, die versorgt werden wollten, an mein Bedürfnis, mich an meinem vertrauten Ort auszustrecken, richtig ausgerichtet mit dem Kopf nach Norden, in der Hoffnung, daß im Schlaf die Erlebnisse des Tages vielleicht für mich aussortiert würden.

Als ich die lange Fahrt begann, verschwand meine Erschöpfung und wieder spürte ich, wie meine Hände von dem Übernatürlichen Lenker übernommen wurden. Umrisse und Bilder von Flügeln kamen in mir auf.

„Erhob sich mit Heilung in Seinen Flügeln."

„Meine Seele, es gibt ein Land
Weit hinter den Sternen,
Wo ein geflügelter Wachposten steht . . ."

Ich hatte viele Jahre mit dem Studium vergleichender Religionswissenschaft verbracht, war tief genug in die Materie eingedrungen, um wahre Schichtungen von verwandten Symbolen in den Speichern meines Gehirns zu haben, sowie die Fähigkeit, sie miteinander zu verbinden und sie zu zitieren. Ich wußte, daß im vorzeitlichen Syrien der Adler mit Menschenarmen die Sonnenanbetung darstellte, daß er Seelen zum ewigen Leben führte und im allgemeinen zwischen der Erde und den unsichtbaren Welten verkehrte. Ich wußte, daß die Christen den Adler als Boten des Himmels betrachteten, daß ihn Theodoros Studites mit dem Geist der Prophezeiung verglich und der heilige Hieronymus sagte, er wäre das Symbol der Himmelfahrt und des Gebetes . . . des Adlers Flug wegen seiner Höhe und Schnelligkeit . . . Gebete, die zum Großen Geist emporsteigen, beantwortet durch Gnade, die auf die Welt herabsinkt. In christlichen Kirchen trägt er das Gewicht großer bronzener Lesepulte, auf denen eine offene Bibel liegt, was bedeutet, daß der Adler den Logos, das Wort des Lebens, zur Erde trägt. Ich wußte, daß er in der Bibel oft vorkommt.

„Jene, die auf den Herren harren, werden ihre Kraft erneuern; sie werden aufsteigen mit Flügeln wie Adler."

„Der Vogel der Lüfte soll die Stimme tragen, und was Flügel hat, soll die Sache verkünden."

Ich wußte, daß er im vorzeitlichen Persien ‚Siena' war, „der ewig gesegnete, glorreiche und mächtige Vogel, dessen Schwingen sogar den Himmel verdunkeln."

Ich wußte all dies theoretisch, aber noch nie hatte ich mit ihm von der dreidimensionalen Ebene tatsächlichen Kontakt gehabt und auch nicht begriffen, was es bedeutete, daß er ein Bote war, einer der Boten zwischen Ebenen und Welten. Nun würde ich den Donnervogel studieren, „das geflügelte Wesen, das den Totempfahl krönt und den Großen Schöpfer oder die vier Großen Schöpferischen Kräfte darstellt."

Vier war bedeutend. Die vier Elemente, Erde, Wasser, Luft und Feuer, jedes mit einem eigenen Engel, dargestellt mit Flügeln wie ein Vogel. Die vier Erzengel, Gabriel, Michael, Raphael und Azrael, der Bote, der Krieger, der Heilende, der Herr des Todes. Die vier Apostel, Matthäus, Markus, Lukas und Johannes, der Heilige Johannes als Adler dargestellt. Ich müßte die Vier studieren, das Symbol der Erde und des irdischen Raumes, das Quadrat, die vier Himmelsrichtungen, die vier Jahreszeiten, die vier Abschnitte des menschlichen Lebens, Materie gewordene Energie . . . all dies unter den ausgebreiteten Schwingen des Donnervogels.

Das Auto hielt vor meiner Tür viel früher, als ich die Strecke normalerweise ohne die Hilfe des Lenkers hätte zurücklegen können. Ich stolperte hinaus und stand unter den Sternen. Die Milchstraße war genau über mir, und als ich meine Arme in Dankbarkeit dafür hochstreckte, daß ich hier leben durfte, wo ich die weite Ausdehnung des Himmels sehen konnte, hatte ich den Eindruck, etwas zwischen mir und den Sternen fliegen zu sehen.

Ich kannte das ‚Lied der Sterne', ein altes Algonkin-Gedicht, *Nilun pesazmuk elintaquik:*

Wir sind die Sterne, die singen,
Wir singen durch unser Licht,
Wir sind die Vögel aus Feuer,
Wir fliegen über den Himmel,
Unser Licht ist ein Stern,
Wir machen einen Weg für Geister,
Einen Weg für den Großen Geist.

Auf diesem Weg reist der Donnervogel, und wer weiß, auf wievielen anderen. Es hätte mich nicht überrascht, Jakobs Leiter zu sehen oder Ruysbroecks ‚Sieben Sprossen der Leiter der Geistigen Liebe' oder irgendeine andere Vision . . ., aber mein

Becher war voll und hätte keinen weiteren Tropfen aufnehmen können.

## 10

Die dritte Nacht der ‚Sermonys' überraschte mich von Anfang an. Alle schienen sich in einem Zustand von fröhlicher diesseitiger Aktivität zu befinden. Kinder lachten und spielten unter den wohlwollenden Blicken der Erwachsenen an der Tür des Zeremonien-Hauses. Die Stimmung wirkte wie zu Weihnachten, geprägt von Wohlwollen und Verbrüderung, ganz anders als die feierliche Ehrfurcht der vergangenen Nächte.

Ein kleiner Junge kam zu mir gelaufen, grinste und hüpfte vor Aufregung.

„Großvater Clown kommt rein", sagte er, „viele Süßigkeiten."

Eine Frau nickte mir lächelnd zu. „Großvater Clown macht alles komisch, verkehrtherum, läßt Leute lachen."

Ich erwiderte das Lächeln, um zu zeigen, daß ich zumindest teilweise verstand, was die Funktion des Clowns war. Dies mußte der Fröhlichkeitsclown sein, da er die Leute zum Lachen brachte. Ein weiterer Clown der amerikanischen Indianer ist der Traurigkeitsclown. Er hat die gleiche Aufgabe, die Last des Niedergeschlagenseins etwas zu erleichtern. Der Fröhlichkeitsclown nimmt Traurigkeit fort, indem er die Menschen zum Lachen bringt. „Der tanzt wie verrückt, bis ihm die Hosen runterrutschen." Er ist der Spaßmacher, wie die Koshare oder Kurena oder die Chiffoneten, Besitzer des Privilegs, alles tun oder sagen zu dürfen und sich ausdrücklich über Autoritäten lustig zu machen. Die Chiffoneten „johlen und schreien, aber immer in der zurückhaltenden, musikalischen Rufart der Indianer. Sie laufen Leitern hoch und runter, rennen in Häusern ein und aus und hinterlassen überall Gelächter. Sie laufen den ganzen Tag herum und spielen Streiche. Sie haben aber auch große Heilkräfte und spielen die Hauptrollen bei den Fruchtbarkeitsriten."

Der Traurigkeitsclown ist heiliger als der Fröhlichkeitsclown und besitzt mehr Kraft als ein Medizinmann. Der Traurigkeitsclown „versucht, die Traurigkeit wegzunehmen. Wenn du dasitzt, traurig oder einsam, dann kommt er und setzt sich zu dir. Wenn er dich anschaut, siehst du, wie er die Traurigkeit aus dir herauszieht und auf sich nimmt." Auf diese Weise ist er der ewige Sündenbock, das Opfer.

Während ich auf meinem Platz auf dem Fußboden des Zeremonienhauses wartete, versuchte ich mich an das zu erinnern, was ich über Clowns und ihre korrektive, entspannende Funktion in allen Zivilisationen wußte. Sie hatten ihren Ursprung oder zumindest eine starke Förderung in altgriechischen Komödien, die von dionysischen Riten abgeleitet waren und in denen wilde Chöre wie die Koshare-Tänzer die Fruchtbarkeit der Erde mit Phallussymbolen darstellten. Dann gab es die mittelalterlichen Clowns und Hofnarren, wie Rahere des Heinrich I., dessen Geist durch die für ihn in London errichtete Kapelle wandelte. Später folgten Shakespeares unsterbliche Narren, in denen er beide Attribute, Traurigkeit und Fröhlichkeit vereinte. Die Franzosen halten sie immer noch getrennt: Pierrot-qui-rit, Pierrot-qui-pleure.

Dann kommt ein weiteres Stadium, der Clown, der zum Narr wird, der Hanswurst.

Aber es gab keine Zeit mehr für Überlegungen und Analogien. Die Vorbereitungen waren vollendet, der Raum versiegelt, das magnetisierte Altar-Rechteck erstellt, Power Man und seine Helfer an ihren Plätzen, die Menschen still und aufmerksam, die Kinder beruhigt. Die Dunkelheit, die Trommeln, der Gesang des Komm-Herein-Liedes setzten ein.

Dabei, und auch bei den heilenden Gesängen, die folgten, gab es subtile Abweichungen der Rhythmen, die kaum definierbar waren, es sei denn, man bezeichnet sie als bodennahe, humorvolle Schwingungen, die sich hier und da einschlichen. Die Behandlung geschah mit Kürbisrasseln wie in der ersten Nacht, aber auch das war anders. Die Schläge waren hart und spielerisch und geschahen in einer anderen Reihenfolge.

Erwartete ich, daß meine Knie geschlagen würden, so waren es die Ellenbogen, und als ich dachte, ich würde umgedreht, bekam ich die Schläge auf den Kopf und die Wangen.

Nach dem Heilen, als wir unsere ausgetauschten Plätze innehatten, sprach Power Man aus seiner Lage am Boden:

„Er will tanzen. Er sagt noch vier."

Trommeln und Gesang brachen erneut in einem neuen Rhythmus aus, und wieder fiel mir nur die Beschreibung ‚humorvoll' dafür ein. Eine Frau lachte und kreischte, als der Clown sie anscheinend packte. Es gab stampfende Geräusche, Stolpern und Wirbeln in diversen Teilen des Raumes. Ich hörte eine Frau sagen: „Ich kann nicht, ich bin zu alt", aber es half ihr nicht. Er tanzte länger mit ihr als mit den anderen, begleitet von Keuchen und Gelächter. Der Gesang und das Trommeln gingen unbeirrt über dem Gekreische, Gelächter und Gestampfe weiter. Als er dann alleine tanzte, stampfte, sprang und mit etwas Scharfem auf den Boden schlug, entstanden kleine Schreie. Er schlug mit was immer er in der Hand hielt um sich, so wie es die Koshare mit ihren Yucca-Stöcken machen und Narren mit ihren Zeptern. Ich erhielt einen kleinen, scharfen Hieb auf die Schulter und gab auch einen Schrei von mir, denn ich wußte, daß Reaktion ein Teil des Rituals war.

Plötzlich endeten die vier Gesänge. In der darauffolgenden Stille entstand ein neues Geräusch, das scharfe Knistern von harten Bonbons, die auf Fußboden, Wände und Decke prasselten. Kinder kreischten und bemühten sich eilig, sie einzusammeln, ohne dabei aber tatsächlich ihre Plätze zu verlassen. Die Frau neben mir sagte: „Hol dir welche", und ich bückte mich, um die vor mir liegenden aufzuklauben. Dann begannen die Kinder und manche Erwachsene laut zu rufen: „Wir wollen deine Bonbons nicht. Wir mögen dich nicht. Wir wollen, daß du weggehst", und ähnliches. Großvater Clown muß man das Gegenteil von dem sagen, was man wirklich meint. Dies trifft auch für die Kleinen Männer der Berge zu, die Miniaturausgaben von Großvater Clown zu sein scheinen. Mir wurde später gesagt, daß sie diese Art der Anrede ausdrücklich genießen und ihre Arbeit des Heilens mit noch mehr Freude und Energie vornehmen, je mehr sie beleidigt werden.

Der Spaß dauerte eine Weile an, dann wurde das Trommeln ein weiches Klopfen und Stille trat wieder ein. Power Man sagte etwas auf Arapaho. Seine Frau gab es auf Englisch wieder.

„Er sagt, ihr seid ein trauriger Haufen Nichtsnutze. Die Kinder schlafen alle; niemand zum Tanzen. Er sagt, nun bleibt er. Er segnet euch nicht, er wünscht euch nichts Gutes. Er wird euch nicht mehr besuchen."

„Wir wollen nicht, daß du bleibst. Wir danken dir nicht, Großvater. Wir wollen dich nicht wiedersehen", riefen wir alle.

Es gab einen lauten Schlag an der Tür und er war verschwunden. Die Lichter gingen an. Power Man lag in seiner Decke auf dem Fußboden. Nachdem das heilige Rechteck abgebaut war, wurde er befreit und bekam seine Schuhe. Er setzte sich neben seine Frau. Die Kinder verglichen ihre Beute an Bonbons und fingen an, sie zu essen.

„Iß", sagte die Frau neben mir, und ich tat es. Ich war froh, daß ich nur wenige gesammelt hatte, denn es waren die giftigen, billigen Süßigkeiten des Weißen Mannes, mit rotem Farbstoff, künstlichen Zusätzen und, natürlich, weißem Zucker. Dennoch so stark gesegnet und an einem so geweihten Ort müßten sie rein und unschädlich sein. Sie waren vor der Verteilung sicherlich mit Salbeirauch gesegnet worden, und Salbei hat eine starke reinigende Wirkung.

Es war schade, daß nichts Besseres gefunden werden konnte. Ich fragte mich, was Großvater Clown den Kindern wohl in den alten Zeiten zugeworfen hatte. Warum konnte man das nicht heutzutage auch nehmen? Die falschen Dinge der Weißen haben sich in der Roten Kultur durchgesetzt, nichts jedoch oder nur wenig von dem Guten, das die Weiße Zivilisation zu bieten hat. Es ist ein schlimmer Anblick in den Indianermuseen, zwischen den schönen Schätzen des Roten Mannes, den abstoßenden, entwürdigenden Schrott zu sehen, der die Weißen repräsentiert. Es könnten dort zumindest Kunstdrucke der Herrlichkeit des antiken Griechenlands hängen oder vom Prunk Roms oder den wunderbaren Kunstwerken, die seitdem geschaffen wurden. Statt Rockmusik könnte auch Beethoven gespielt werden. Eine Kombination des Guten beider Traditionen ergäbe eine bessere Umwelt für das Wachstum neuer Generationen.

Das Tischgebet wurde gesprochen, diesmal nicht von Power Man oder Tsaviaya, sondern einem Mann, der vor einer großen Trommel bei ihnen saß. Wir aßen, Gespräche kamen auf, hier und da wurde gescherzt und gelacht, und dann verzogen wir uns mit leisen Verabschiedungen.

## 11

Am vierten Abend der ‚Sermonys' herrschten wieder Ehrfurcht und Stille bei den Vorbereitungen. Leute lächelten sich zu, redeten aber nur, wenn es notwendig war und dann nur flüsternd. Die Kinder zeigten ihr bestes Benehmen und blieben ruhig und still. Es gab physische Gründe hierfür; unsere Körper waren steif, sehr müde und taten weh, aber was uns am meisten zurückhielt, war etwas Atmosphärisches, gewisse Schwingungen oder Erwartungen.

Die Frau neben mir murmelte: „Head Man kommt heute!" Ich fragte mich, wer oder was dies sein könnte. Die Erklärung kam, als Power Mans Frau sich vorbeugte und übersetzte, was er vor dem Löschen der Lichter gesagt hatte, nachdem man ihn hingelegt hatte.

„Großvater Büffel, sagt er, kommt heute herein, um nach dem Rechten zu sehen."

Es gab zufriedenes Murmeln und Rascheln, als wir uns zurechtsetzten und der Gesang anfing. Das Komm-Herein-Lied klang anders, gewichtiger, hatte mehr feierliche Substanz, war weniger flehend als in der ersten Nacht. Dagegen waren die Heilungsgesänge dieselben wie beim ersten Mal und geschlagen wurde mit großen Kürbisrasseln. Es wurde tief in die wehen Teile meines Körpers eingedrungen, schmerzend und lindernd für die Zellen und Atome, die dafür vorbereitet waren. Auch gab es diesmal zusätzliche Schläge auf die Zentren meiner Chakren.

Als es vorbei war und alle ihre Behandlung hatten, entstand eine tiefere, bewußtere Stille als sogar in den vorhergegangenen Nächten. Sie dauerte bis an die Grenzen der Erträglichkeit. Dann donnerte ein wuchtiger Schlag gegen die Tür, als würde sie in Splitter zerschlagen und von einer enormen, unaufhaltsamen Kraft zermalmt. Danach waren unerwartet zarte, klickende Geräusche rhythmischer Schritte hörbar. Ich öffnete die Augen und sah, wie sich kleine Kreise aus goldenem Licht über den Fußboden zum Rechteck hin bewegten. Hier hielten sie an, und obwohl ich sie nicht länger sehen konnte, weil mir die vordere Reihe die Sicht versperrte, wußte ich, daß die Kreise sich entlang der Abgrenzung des Rechtecks bewegten. Ich sah sie dann an der kurzen und danach an der gegenüberliegenden Seite entlangwandern, wo Power Mans Frau, die Trommler und die Sänger saßen, dann entlang der anderen kurzen Seite zu dem Punkt, wo sie begonnen hatten. Nun ertönte ein scharrendes Geräusch, gefolgt von einem geringeren Krachen, und die Lichter waren alle in der Mitte bei Power Man. Er begann in einer tiefen, starken Stimme zu sprechen, und seine Frau übersetzte.

„Er sagt, er zufrieden. Alles läuft gut hier."

„Hei-eh, Oh-ho, Hmmm", sprachen die Leute.

„Er sagt, die Behandelten jetzt o.k."

„Hei-eh, hei-eh!"

„Er sagt, ruht vier Tage. Schont euch. Er sagt, manche Leute hier müssen aufhören mit dem, was sie falsch machen, und neu anfangen."

„Hei-eh! Hei-eh! Danke, Großvater."

„Er sagt, die Frau mit dem kranken Kind im Spital muß grüne Beutel machen. Dieser kleine Junge war sehr krank. Es ist besser jetzt."

„Hei-eh! Hei-eh! Hei-eh!"

„Er sagt, er schickt jetzt einen alten Mann, um bei ihm zu sein."

„Hab Dank, hab Dank, Großvater."

„Er sagt, fast alle Leute hier sind gut, aber manche machen weniger Gutes."

Power Man grunzte und sprach schnell. Seine Frau zögerte, wiederholte es dann auf Arapaho, nicht auf Englisch. Jemand schrie auf, jemand schluchzte.

„Er sagt, er segnet euch jetzt, dann muß er fort."

„Hei-eh! Hei-eh! Hab Dank, hab Dank, Großvater."

Etwas Riesiges bewegte sich an uns vorbei. Ich öffnete meine Hände und beugte meinen Kopf, um den Segen zu erhalten, und ich spürte ihn tatsächlich, merkte, als er über mich und die Frau neben mir ergangen war. Als die Runde gemacht war und jeder den Segen empfangen hatte, entstand eine kurze Stille, dann wieder ein Schlag an der Tür, ein einziges, scharfes Klopfen, ein letztes klickendes Stampfen. Großvater Büffel verließ uns. Eine Welle von Seufzern ging durch den Raum, voller Liebe, voller Abschied.

Nach einer weiteren Stille gingen die Lichter an. Niemand rührte sich; wir waren mitgenommen von dem Schock des niederschmetternden Abstiegs von Ebene zu Ebene und stellten uns betroffen um. Nach einer Weile traten Power Mans Helfer vor, um ihn von der Decke mit dem Großen Donnervogelmotiv zu befreien.

Einer band ihm die Schuhe zu, ein anderer half ihm hoch. Er wirkte erschöpft und geschwächt, als er sich zu seiner Frau setzte. Sie lächelte, flüsterte ihm zu und gab ihm etwas, das er sich in den Mund steckte. Der geschickte Abbau ging weiter, zum letzten Mal. Die Tür wurde geöffnet, um die Nachtluft einströmen zu lassen. Das Essen wurde ausgeteilt, ein langes Tischgebet gesprochen, und dann aßen wir. Niemand sprach während dieser ganzen Zeit.

Die Kinder brachen den Bann. Kleine liefen herum und ältere flüsterten und kicherten. Power Man stand auf und ging unauffällig zur Tür. Er verschwand, seine Frau und die Helfer folgten ihm. Die ‚Sermonys' waren für diesmal beendet.

Trotzdem blieben die Menschen sitzen, wollten nur ungern gehen. Doch nach einer Weile machten wir uns in Grüppchen, ermattet und zufrieden, zu den wartenden Autos auf und sahen vier Tagen Ruhe entgegen, falls sie uns gegönnt waren. Viele von uns hatten weite Wege vor sich und mußten gleich losfahren, zuversichtlich, daß wir unterwegs beschützt wären und uns nichts zustoßen würde.

Als ich durch die Morgendämmerung zu meiner Berghütte

fuhr, dachte ich: ‚Nun also habe ich all diese Dinge zu studieren, über sie nachzudenken, sie in mein Wesen einzuflechten.' Und nochmals sagte ich Dank.

## 12

Im Verlauf des Jahres besuchte ich Tsaviayas Schwitzhütte regelmäßig und nahm an den ‚Sermonys' teil, wenn Power Man von seinem Reservat kam, um sie zu leiten. Ich schien ein akzeptierter Teil der Roten Gemeinde zu sein. Einige der Leute von den Schwitzritualen besuchten mich, viele nickten und lachten mir in den Straßen oder Geschäften zu. Einmal war ich zusammen mit der Frau eines ortsansässigen Arztes in der Stadt, als uns eine Gruppe entgegenkam und mich von der anderen Straßenseite her freundlich begrüßte. Eine Frau löste sich von der Gruppe, kam zu mir herüber und zwischen Gelächter und freundlichen Banalitäten murmelte sie schnell: „Heilendes Schwitzen heute abend." Meiner weißen Bekannten nickte sie höflich zu, sagte mir: „Bis bald, bleib brav" und schloß sich wieder ihrer Gruppe an.

Eine Weile gingen wir schweigend weiter, dann meinte die Arztfrau nachdenklich: „Ich versuche bereits seit dreißig Jahren die Indianer kennenzulernen und habe noch nichts erreichen können. Worum ging das eben?"

„Ach", sagte ich, „ich habe ihr beim Ausfüllen einiger Formulare geholfen. Das ist Annie Perow."

„Ich weiß. Sie ist eine unserer Patientinnen und ihre Tochter arbeitet in Johns Büro. Ich habe sie oft mit Bekannten in ihrem Haus besucht, als sie noch Körbe flocht. Irgendwie sieht man sich hier ständig, sagt ‚Guten Tag' und damit hat sich's. Genauso ist es mit allen anderen. Ich dachte, es läge daran, daß keine weiße Person als Freund akzeptiert werden kann, aber jetzt . . ."

Jetzt gab es mich, war der Rest des Gedankens, einen Neuling, ein Spätankömmling, jedenfalls erheblich später als sie. Ich erinnerte mich, wie ihr Mann ernsthaft auf mich eingeredet hatte: „Du darfst nie nach Dunkelheit ins Reservat gehen, da ist es gefährlich", und sie hatte hinzugefügt: „Und auch nicht tagsüber, außer in Begleitung oder du sagst jemandem, daß du hingehst."

Dies war nun ein Tag, an dem die Schwitzhütte stattfand. Was würden sie wohl denken, fragte ich mich, wenn sie mich dabei sehen könnten, wie ich mit gekreuzten Beinen auf dem Stroh saß, in Andacht mit den Indianern, die sie schon immer ‚kennenlernen' wollte, nur ein Steinwurf von ihrem feudalen Haus entfernt?

„Ich habe großes Glück gehabt", sagte ich. „Ich mache den Papierkram für sie und ich wohne in einer kleinen Hütte wie die ihrigen. Ihr erfüllt sie wahrscheinlich mit Ehrfurcht." Aber ich merkte, daß sie noch immer verletzt und verwirrt war.

Dieses ‚Heilende Schwitzen' war mein erstes, und ich wußte nicht, was ich erwarten sollte. Ich bereitete mich vor wie bei anderen Schwitzritualen, nahm einen Reisauflauf und Tomaten aus dem Gemüsebeet mit. Als ich ankam, erfuhr ich, daß dies nicht nötig gewesen wäre. Beim Heilenden Schwitzen stellt die Familie des Patienten das Essen für alle, aber andere hatten auch Kleinigkeiten mitgebracht und meine Gabe wurde dankbar entgegengenommen.

Der Mann, der behandelt werden sollte, war ein Bauarbeiter, der von einem Gerüst gefallen war und sich den Rücken verletzt hatte. Er wurde in die Schwitzhütte getragen und auf das Stroh gelegt, sein Kopf bei Tsaviaya. Dann gingen wir hintereinander hinein, seine Frau neben ihm, dann seine Familie neben ihr, Männer und Frauen zusammen auf der Frauenseite. Tsaviayas Gesicht und Hände waren rot gestreift mit einer Farbe aus gemahlenem Stein für ‚Medizinbemalung'. Seine langen Adlerfedern lagen auf einem Polster aus Salbei, wo auch andere Gegenstände waren. Die ‚Fahnen' des Kranken hingen von der Decke nach Westen hin.

Nachdem die Steine plaziert waren, sagte Tsaviaya dem Mann: „Scheu dich nicht zu schreien. Brüll laut. Sag dem Großvater alles, was du brauchst." Und zu dessen Frau: „Wenn ich sage ‚umdrehen‘, hilfst du, ihn auf den Bauch zu legen, und wenn ich sage ‚zudecken‘, breitest du die Decke über ihm aus.“

Uns sagte er: „Ich bitte euch Leute, wohlwollend für diesen Mann zu beten.“

„Oh-ho, Oh-ho“, war der übliche gutturale Refrain.

„Ihr könnt für eure Familie beten, eure Verwandten und eure Freunde, aber sonst nichts.“

„Oh-ho, Oh-ho.“

„Wenn es zu heiß wird, geht ganz runter. Es wird heiß werden.“

„Oh-ho, Oh-ho.“

„Alle bereit?“

„Oh-ho.“

Die Türklappen kamen herab, und es war finster. Ein Sturm von Gebeten brach los und dann der Komm-Herein-Gesang, dringend und flehend. Es gab mehr Steine als sonst und alle waren rotglühend. Sie waren in einer Pyramide über dem Feuerloch aufgetürmt. Die Hitze war brennend, fast unerträglich. Wir wußten, daß es noch schlimmer werden würde, besonders in der dritten Runde. Wir wußten aber auch, daß es so sein mußte, wenn dem Mann geholfen werden sollte, daß die Geister, die eintreten würden, um zu heilen, es so brauchten. ‚Großväter wollen es heiß., Als wir also unsere Gesichter in Händen voll Salbei vergruben, unsere Köpfe zum Boden beugten und brennende Luft einatmeten, sangen wir tapfer, inbrünstig, unterbrachen uns nur, um zu beten, ab und zu auszurufen, manchmal zu schreien, aber nicht um körperlichen Schmerz auszudrücken. Wenn es so etwas gibt, dann war dies ein religiöses Schreien. „Ich rief den Herrn aus voller Seele an, und (natürlich) erhörte Er mich.“ So würde es hier sein, für diesen Mann und seine Familie und — ein Hintergedanke — für uns.

Als die Runde vorbei war, waren wir alle kleine hockende Häufchen und blieben solche, bis der Dampf aus beiden Türen entströmt war. Der verletzte Mann lag unter seiner Decke und hielt mit einer Hand Salbei vor sein Gesicht. Seine Frau — die einzige, die noch aufrecht saß — beklatschte seine Füße mit der Hand. Tsaviaya lag auf der Seite, sein Gesicht zur Türöffnung, die Augen geschlossen. Er war ein sehr gewichtiger Mann und manchmal, wenn wir aus der Schwitzhütte kamen und zueinander „Heiß“ sagten, entgegnete er uns: „Schwitzhütte immer heiß und schwer für mich!“

Aber manche Schwitzrituale waren sanft für uns, wenn auch nicht für ihn. Wenn ein Neuling dazukam oder es ein Säugling zum ersten Mal erlebte — was einer Taufe entsprach —, gab es Unterschiede in der Hitze. Es war manchmal sehr heiß für mich und kaum warm für meine Nachbarn, oder ich befand mich in einem ‚gemütlichen Glühen‘, was einmal für Frauen empfohlen wurde, und meine Nachbarn rangen nach Luft und schafften es gerade eben noch. Ich glaube, es hat auch damit zu tun, was zwischen den Schwitzungen passiert, und ob man sich noch in einem Zustand der Gnade befindet. Aber ein Heilendes Schwitzen ist immer hart und heiß für alle. Es ist ein Privileg, daran teilzunehmen, aber auch ein Opfer, obwohl es eigenen Segen mit sich bringt. Familie und Freunde des Patienten haben die Genugtuung, der Heilung und den Gebeten etwas Greifbares beizutragen, den Erguß des Schweißes. So oft ist es der Fall, daß die Menschen, die zusehen müssen, wie jemand, den sie lieben, leidet, zusätzliche Qualen erleiden, die durch das Gefühl der Hilflosigkeit vertieft werden, nichts Helfendes tun zu können. Beim Heilenden Schwitzen tun sie etwas.

Vor der zweiten Runde ließ Tsaviaya die Wasserkelle herumreichen.

„Trinkt, soviel ihr wollt“, sagte er. „Danach kein Wasser mehr.“

Wir tranken und gossen Wasser über uns. Tsaviaya besprengte den Patienten damit und schüttete eine Kelle voll über seinen eigenen Kopf, dann wurden die Türklappen geschlossen, die Gebete und Gesänge begannen.

Nun hörten wir die Schläge von Tsaviayas großer Adlerfeder auf dem Rücken des Verletzten. Bei jedem rhythmischen Herunterschlagen stieg die Temperatur in der Schwitzhütte, so daß es sich anfühlte, als würden auch wir gepeitscht. Die Vorsänger blieben konstant, ohne Keuchen oder Aussetzen. Der Rest von uns sang zwischen den Schlägen. Der kranke Mann rief die Großväter um Hilfe an. Ab und zu schrie er, und der Gesang wurde lauter. Tsaviaya ‚sprach' in hohen Stimmtönen. Es ging weiter und weiter, bis es keine Hoffnung mehr für uns gab, daß es je aufhören würde, — und dann war es vorbei.

„Segnet euch!"

Wir taten es, während der verletzte Mann schluchzte..

„Hei-eh!"

Die Türklappen wurden hochgenommen, der Dampf strömte hinaus. Wir hielten die Köpfe geduckt und rangen nach Atem. Der Verletzte schüttelte sich und lag stöhnend unter seiner Decke, die seine tapfere Frau über ihm ausbreitete. Während der ganzen Prozedur saß diese Frau aufrecht mit gekreuzten Beinen auf dem Stroh und litt mit ihrem Mann. Sie war dem Federschlag am nächsten und blieb trotzdem gerade und ruhig, mit unbedecktem Gesicht und Kopf und bereit, Tsaviayas Anweisungen auszuführen. Dieser lag mit dem Gesicht außerhalb der Türöffnung und verschlang kühle Luft.

Keiner bat darum, weggehen zu dürfen. Ich wußte instinktiv, daß man ein Heilendes Schwitzen nicht verlassen dürfte, genauso, wie man nicht um Wasser bitten durfte. Ich wußte auch, daß die dritte Runde, die uns bevorstand, die härteste sein würde. Danach die Danksagung, die Pfeife, und dann . . . Es war besser, sich auf das Jetzt zu konzentrieren und zu beten, daß man durchstehen und helfen könnte. Es gab Erfahrungen, von denen ich zehren konnte. Nie, bei keinem Hitzegrad, hatte ich Verbrennungen, Sengungen oder Schäden irgendeiner Art davongetragen. Im Gegenteil, jedes Schwitzen hatte mich der Gesundheit nähergebracht. Die Ausgewogenheit meines Körpers war durch Krankheit und Anspannung verlorengegangen, kam aber schrittweise wieder. Also würde mir diese Unbequemlichkeit auch nicht auf Dauer schaden und sie würde auch vorübergehen. Aber das war nicht die richtige Art, darüber nachzudenken. Ich sollte konzentrierter für den Verletzten beten. Es wäre leichter, wäre er mein Freund oder auch nur ein Bekannter. Trotzdem kannte ich ihn nach diesen beiden Runden, wie ich alle im Schwitzritual kannte. Wir teilten die Gemeinsamkeit einer anderen Ebene.

„Alles bereit?"

„Oh-ho. Oh-ho."

Waren wir es? Wir mußten es sein. Ich drehte meinen Körper etwas, um die Haut zu schonen, die bereits den Dampf erfahren hatte. Die Türklappen wurden heruntergelassen und die dritte Runde begann. Die Stoßgesänge und das Federschlagen, das Schluchzen und Schreien begann erneut, aber es gab ein neues Geräusch, das von schwer stampfenden Füßen rund um das Feuer in einem langsamen, genau festgelegten Tanz. Tsaviaya, dachte ich, in einem Medizintanz, aber wer betreute dann den Verletzten? Das Schlagen der Feder ging weiter und Tsaviayas gutturale Stimme kam weiterhin aus seiner Ecke. Ein anderer mußte tanzen, aber es hatte keine Bewegung gegeben in dem Kreis, wie wenn ‚ein anderer' aufgestanden wäre.

Meine Augen waren geschlossen, mein Gesicht in dem Salbei vergraben, ich hielt den Atem an, als die schweren Schritte näherkamen und wer immer es war an mir vorbeiging. Der Gesang stockte dort, wo die Fußtritte ertönten, wurde wieder aufgenommen, wenn sie vorbei waren. Jetzt klatschte das letzte Wasser auf die Steine, der letzte Dampf brannte uns, die letzten Rufe stiegen auf, das letzte Handklopfen des ‚Sei gesegnet', und als wir völlig ausgelaugt am Boden lagen, wurden die Türklappen hochgenommen.

Der verletzte Mann schluchzte unter seiner Decke, würgte und begann, sich zu übergeben.

„Gut! Gut!" riefen Stimmen. „Raus damit! Schäm dich nicht."

Tsaviaya sagte etwas aus seiner Ecke, er lag mit dem Gesicht zur Luft. Die Frau des Kranken tätschelte seine Füße und brachte die Decke in Ordnung. Wir lagen alle still, bis Tsaviaya sich aufsetzte, das Zeichen für uns, irgendwie Haltung für die vierte Runde anzunehmen. Dies war der Abschied und der

Hab- Dank-für-den-Segen-Gesang. Er ertönte langsam und feierlich, während sanfterer Dampf sich über uns ausbreitete. Er enthielt Feierlichkeit, Ehrfurcht und Traurigkeit. Der Verletzte lag ruhig, schluchzte nicht mehr und übergab sich auch nicht. Der heilende Teil des Schwitzrituals war vorbei. Wir wurden gesegnet und auf die Pfeife vorbereitet.

Die Runde war beendet. Sie war vergleichsweise kurz gewesen, aber wir waren froh, ruhen zu können und uns mit guter Luft vollzusaugen. Dann sagte Tsaviaya: „Macht vor euch sauber", und wir setzten uns auf, fegten den Boden von Salbei und Asche frei, bogen uns wieder gerade und ordneten die Handtücher. Der Verletzte lag auf dem Rücken, seine Frau richtete die Decke und machte den Boden sauber.

Die Pfeife wurde hereingebracht und herumgereicht. Es schien anderer Tabak zu sein, stärker als üblich, und der Rauch drehte sich im Kreis und zog immer zum Patienten hin. Tsaviaya beendete das Rauchen, nahm seine Sachen und ging hinaus. Wir krochen ihm nach und ließen den Mann und seine Familie zurück in der Hütte. Kurz danach trugen sie ihn auf seiner Decke heraus, zu Tsaviayas Haus.

Er erschien nicht, um mit uns zu essen, auch nicht seine Frau, aber die anderen kamen, und sein Sohn sprach das Tischgebet. Dann sagte Tsaviaya: „Die Großväter wollen noch drei Heilende Schwitzungen, morgen, den Tag darauf, den nächsten Tag." Es wurde vorausgesetzt, daß wir alle dabei sein würden.

Wir waren da. In der dritten Nacht saß der Verletzte aufrecht, um die Pfeife zu rauchen. In der vierten Nacht konnte er die Schwitzhütte aus eigenen Kräften verlassen und ging, auf den Arm seiner Frau gestützt, zu Tsaviayas Haus. Er kam zu uns, um mitzuessen, und versuchte, auf einem harten Stuhl am Tisch zu sitzen, aber Tsaviaya befahl ihm, sich auf ein verschlissenes Sofa zu legen, das für Alte und Kranke da war.

Seine Frau half ihm, zu essen. Obwohl wir bislang kein Wort gewechselt hatten, waren Liebe und Respekt für diese Frau in mir aufgekommen, denn sie besaß Würde, Mut und Glauben.

Sie hatte ein liebliches Gesicht und wenn sie lächelte wie jetzt, erübrigten sich Worte.

Tsaviaya kündigte ein Großväter-Schwitzen an, also ein Schwitzen der Danksagung für erhaltene Segnungen, das am kommenden Morgen abgehalten werden sollte, damit sich die Angereisten auf den Heimweg begeben könnten. Wieder galt es als selbstverständlich, daß wir alle daran teilnehmen würden.

Ich habe Leute sagen gehört, daß Indianer unzuverlässig seien, daß sie zuviele Arbeitstage freinähmen und man bei ihnen keine Pünktlichkeit erwarten könne, daß die Entschuldigungen, die sie angäben — wenn sie welche angaben —, meist absurd und offensichtlich erlogen waren. „Sie wissen nicht, was es bedeutet, an irgendetwas zu arbeiten."

Es könnte eine Erklärung dafür geben, aber wer wäre bereit, sie abzugeben? Was für Schwierigkeiten würde das auslösen.

# 13

Viele Monate lang nahm ich an den Schwitzritualen teil und auch an den ‚Sermonys' und Heilenden Schwitzen, zu denen ich gerufen wurde. Ich studierte Bücher, die ich auftreiben konnte, und meditierte über Abschnitte, die mir von den Seiten entgegensprangen. Ich war in das Buch *Die Heilige Pfeife* vertieft, die Niederschrift der Sieben Riten der Oglala-Sioux von Black Elk, bearbeitet von Joseph Epes Brown, als mir der Gedanke kam, um eine Pfeife zu bitten.

Zuerst schreckte ich von dem Gedanken beschämt zurück und tadelte mich, daß dies ein Beispiel von impulsiver Begeisterung sei, fast eine Unverschämtheit. Aber der Gedanke blieb, bis er mich überzeugt hatte. Ich bat die Großväter, mich zu leiten, und bei einer ‚Sermony' wandte ich mich an Power Mans Frau.

„Darf eine Frau eine Pfeife haben?"

„Ja."

„Ich meine eine Frau wie mich, mit nur etwas Indianerblut?" Sie lächelte.

„Frag ihn."

Also ging ich zu Power Man und fragte: „Darf ich eine Pfeife haben?"

„Warum willst du sie?"

Ich sammelte meinen Mut.

„Als ich dir zum erstenmal die Pfeife überreichte, konnte ich nicht sprechen, nichts laut sagen."

Er nickte.

„Aber innerlich bat ich darum, Elend lindern zu dürfen."

Er sagte nichts, und ich riskierte die Zurechtweisung, die zu erwarten war, und sprach weiter.

„Leute kommen zu mir um Hilfe, solche, die nicht zu dir oder Tsaviaya kommen können."

Er schwieg.

„Es sind Weiße, für die dies vielleicht nicht der Weg ist. Aber sie brauchen Hilfe. Ich gebe ihnen, was ich kann, was ich auf diversen Wegen und in den Schwitzungen gelernt habe, ohne etwas zu verraten. Und ich dachte, wenn ich vielleicht eine Pfeife hätte . . ."

Er sagte: „Frau ohne Mann könnte keine Familienpfeife haben. Du bittest um eine Arbeitspfeife. Das ist etwas anderes."

Er überlegte einen langen Augenblick, während ich mit gesenktem Kopf vor ihm stand, dann lächelte er mir freundlich zu. „Überreiche meine Pfeife", er gab sie mir zum Füllen, „und bitte die Großväter. Sie werden antworten."

Also stopfte ich seine herrliche Pfeife und überreichte sie ihm mit der entsprechenden Formel und fügte hinzu „Ich bitte demütig, ob ich eine Arbeitspfeife haben darf, um den Menschen zu helfen, die Ihr zu mir schickt."

Er rauchte langsam, und der Rauch stieg in großen Kreisen um meinen Kopf. Als er fertiggeraucht hatte, sah er mich an und sagte: „Komm in drei Tagen wieder und frage mich. Ich werde bis Sonntag hier sein."

Ich dankte ihm und ging zitternd fort, kämpfte um die Beherrschung meiner schlotternden Knie, versuchte, vor den anderen, die auf ein Gespräch mit ihm warteten, normal zu gehen. Auf der Heimfahrt kehrte meine Fassung zurück. Immerhin berücksichtigen die Großväter die Absicht hinter einer Bitte, sagte ich mir. Wenn Sie mir mit Nein antworten, habe ich getan, was ich konnte, und Sie werden andere Mittel finden, um meine Hilfe zu ermöglichen, wie Kräuter, Kerzen oder Mantras.

Einige von diesen verwandte ich bereits, aber es gab mehr, viel mehr, das ich wissen könnte. Sie würden mich lehren, zu helfen. Ich beschloß, drei Tage lang zu fasten (so wie ich fasten damals verstand), mit Reinigungen und Meditation. Ich begann in dem runden Bad und widmete seine heilende Kraft meinem Anliegen. Ich entsagte mir Bücher, Musik und Sprechen, mit Ausnahme dessen, was mit denen, die täglich kamen und gingen, besprochen werden mußte. Ich aß nichts und trank nur Fruchtsaft und Bergtee.

Ich sagte: „Ja!“ zum Großen Geist, „Dein Wille geschehe, nicht meiner.“ Ich sprach es mit Freude, löste damit die Frage, bot mich an, verwendet zu werden, mit oder ohne Pfeife, in jeder Art und Weise, und fügte manchmal hinzu: „Möge ich den Auftrag erfüllen, für den Du mich hierher in dieses Leben versetzt hast.“ Es waren drei lange, merkwürdige Tage und vier Nächte, in denen die Welt stillzustehen schien, und trotzdem wurde alles um mich herum schöner, lebendiger, bewußter, aber auch abwartender, eine Zeit der Ruhe, der Inaktivität.

Am dritten Tag ging ich wieder zu Power Man. Niemand wartete vor seinem Tipi. Der Türvorhang war auf. Er saß auf dem Stroh, das Gesicht zur Öffnung.

„Komm herein, komm herein.“

Ich bückte mich, um einzutreten, und stand vor ihm.

„Setz dich.“

Es war das erste Mal, daß ich in dem Tipi aufgefordert worden war, mich zu setzen. Ich nahm auf dem Stroh Platz, ausreichend weit von ihm entfernt, so daß er mich sehen konnte, ohne den Kopf zu wenden.

Langsam sagte er: „Großväter sagen ‚ja‘, du darfst deine Pfeife haben.“

„Hei-eh! Hei-eh! Habt Dank, meine Großväter.“

„Es ist eine ernste Sache. Viel Arbeit, viel Sorgfalt.“

„Hei-eh!“

„Du mußt dich vorbereiten.“

„Ich werde es.“

„Auch mußt du den Stein beschaffen.“

„Der kommt doch aus Pipestone in Minnesota, nicht?“

„Ja. Kannst du dahin fahren?“

„Ich werde es.“ Ich wußte nicht, wie, aber ich war überzeugt, daß es mir ermöglicht werden würde.

„Wenn du ihn bekommst, gib Opfergaben. Der Pfeifenmacher wird den Stiel suchen und sie anfertigen."

„Hei-eh."

„Und dann wartest du."

Er gab mir sein freundliches, humorvolles Lächeln. „Später reden wir mehr." Er winkte in Richtung Tür, also ging ich — von Freude erfüllt. Ich tanzte sogar einige Schritte und hörte ein leises Lachen hinter mir.

Auf der Heimfahrt überlegte ich: „Minnesota! Wie komme ich da bloß hin?" Ich hatte kein Geld. Mein Auto war alt und marode, die Fahrt würde es nie überstehen. Vielleicht könnte ich ein besseres Auto von jemandem borgen. Aber der Stein würde auch teuer werden, wie auch die Opfergaben, und zweifelsohne auch die Speisen für ein besonderes Schwitzen. Ich besaß nichts Verkäufliches außer meiner Schreibmaschine und ich hatte gelernt, daß man sein Handwerkszeug behalten muß. Ich verdiente mein Geld mit Schreibarbeiten und hatte fast mehr davon, als ich verkraften konnte. Sie brachten sehr wenig ein, gerade genug, um meine Bedürfnisse zu befriedigen. Auch hatte ich gelernt, daß zwar unsere Bedürfnisse von der Vielfalt der himmlischen Quellen befriedigt werden, aber nicht unbedingt Extrawünsche. War dies ein solcher Extrawunsch? Ein Wunsch war es zweifellos, und was für einer!

Aber wenn die Zeit richtig war, könnte ich eine Pfeife haben!

Seit Tagen hatte ich nicht so gut geschlafen wie in jener Nacht. Als ich am Morgen darauf gefrühstückt hatte, traf eine Freundin mit fragender Miene bei mir ein. Ich hatte ihr in der Vergangenheit geholfen und wartete.

„Tust du mir einen ganz großen Gefallen?" begann sie dann.

„Wenn ich es kann."

„Das ist es gerade. Bist du hier für eine Weile entbehrlich? Ich muß in Richtung Osten und zwar mit einem Lkw, weil ich eine Menge Sachen zurückbringe. Ich brauche jemanden, der mitfährt, und mir fällt niemand ein, den ich auf so einer Fahrt ertragen könnte außer dir." Sie sah mich flehend an. „Wir würden auf der Reise Spaß haben. Ich brauch' mich nicht zu beeilen. Wir könnten in einigen der Nationalparks campieren. Oh, bitte sag, daß du mitkommst."

„Wie weit mußt du fahren?"

„Der Ort ist in Indiana."

„Ich komme mit, wenn du mir auch einen Gefallen tust. Ich will zum Pipestone Nationaldenkmal in Minnesota. Könnten wir das miterledigen?"

„Selbstverständlich. Das liegt fast direkt auf dem Weg. Da wollte ich schon immer hin. Wirst du wirklich mitkommen?"

Werde ich? O Großväter!

„Ich kann dir einen Teil des Fahrens abnehmen und mich am Benzin beteiligen." Jetzt war ich die Eifrige.

„Gut, aber du brauchst dich nicht am Benzin zu beteiligen, wenn ich dich bitte, mitzukommen. Die anfallenden Kosten sind ausschließlich meine Angelegenheit."

O Großväter!

„Wann willst du fahren?"

„Sobald wir können. Paßt dir Dienstag?"

Es paßte mir, obwohl das Geld für den Stein noch immer ein Problem war. Aber auch das würde sich irgendwie finden, also sagte ich: „Dienstag bin ich startklar." Sie ging fort, mit einigen tanzenden Schritten wie ich, als ich Power Man verließ.

Am Montag, als ich trotz meines Glaubens eine gewisse Ängstlichkeit zu spüren begann, traf ein Scheck über 137,89 Dollar ein. Es waren Tantiemen für ein Buch, das ich vor einigen Jahren verfaßt hatte und das nun, wie der Begleitbrief erklärte, in England als Taschenbuch veröffentlicht werden sollte. Das reichte aus, um alles zu erledigen. Ich ging den Berg hinauf, um Dank zu sagen und um mich auf der Mutter Erde in glückseliger Dankbarkeit zu wälzen.

Am nächsten Tag starteten wir. Zu meiner weiteren Freude entdeckte ich, daß meine Begleiterin die Nebenstrecken den großen Schnellstraßen vorzog, daß sie keinen Zeitdruck empfand und auf geregelte Essenszeiten keinen Wert legte. Der Laster hatte einen Camper-Aufbau, wir hatten eine alte Matratze und zwei Schlafsäcke, einen kleinen Kocher und einen Vorrat an Proviant mit, den sie besorgt hatte. Stilvoll rollten wir davon.

Die Reise war angenehm und blieb von unvorhergesehenen Zwischenfällen oder Problemen beschützt, denn sie fand unter der Obhut der Großväter statt. Wir sprachen darüber, wie es im Laufe der Jahrhunderte für die Stämme im Westen gewesen sein mußte, als sie die Reise zu Fuß unternahmen, um dann mit soviel Stein, wie sie brauchten, wieder heimzukehren. Ich erzählte ihr nicht, warum ich den Stein haben wollte, sondern sagte nur, daß ich ihn einem Freund geben würde.

## 14

Als ich zum ersten Mal in Pipestone war, konnte man kleine Blöcke des roten Catlinit im Hauptgebäude des Nationaldenkmals kaufen. Später wurde diese Möglichkeit abgeschafft; kommerzielles Denken setzte ein. Es wurde profitabler, aus dem heiligen Gestein nachgemachte ‚Friedenspfeifen' und wertlose kleine Gegenstände für Touristen herzustellen, als den benötigten Stein echten Pfeifenschnitzern zu geben oder zu verkaufen, von denen sie in der traditionellen Weise verwendet würden.

Die Erlaubnis, Gestein innerhalb des geschützten Geländes zu brechen, zu verarbeiten und zu verkaufen, ist laut Gesetz amerikanischen Indianern vorbehalten, und diese arbeiten in den Steinbrüchen im Spätsommer und Herbst genauso, wie es ihre Vorfahren taten. Der Stein wird in denselben Gruben gewonnen, zu denen jahrhundertelang Vertreter aller Stämme reisten, um das heilige Gestein für ihre Pfeifenköpfe zu erhalten.

Irgendwann war die Gegend Meeresboden gewesen, wo Ablagerungen von schlammigem Ton von Sand überspült wurden. Druck, Hitze und chemische Einwirkungen machten den Sand zu Quarzit und den Ton zu Pfeifenstein, der sich im Gegensatz zu seiner rauhen Umhüllung glatt und speckig anfühlt. Ich erwarb vier Blöcke, 20 cm mal 15 cm mal 7 cm groß von dem Sioux-Beamten, der den Verkauf leitete.

Wir wollten die Wege nicht begehen, die zu den Steinbrüchen „Großes Steinernes Gesicht" und „Das Orakel" führten und für Touristen angelegt waren, von denen es dort wimmelte. Ein Jahr später kam ich außerhalb der Saison hierher und entdeckte die starken, aufgeladenen Schwingungen des meditativen Geistes hier, und einmal, als ich ganz allein war, rauchte ich an einem Wasserfall, an dem viele vor mir geraucht haben müssen. Aber bei diesem Besuch gab ich mich damit zufrieden, die Legende vom Empfang der Heiligen Pfeife der Sioux in einer Filmdarstellung anzusehen.

Diese Version war dieselbe, die in vollendeter Form in *Die Heilige Pfeife* geschildert wird und in einem vom Denkmalamt herausgegebenen Heft enthalten ist. Die Pfeife wurde den Sioux von einer Heiligen Weißer Büffel-Frau übergeben, die ihre Bedeutung erläuterte und sie dabei mit dem Stiel nach oben zum Himmel hielt. Dann folgten Abschnitte, die ich von meinem ersten Erlebnis in der Schwitzhütte her kannte und vom Rauchen von Tsaviayas Pfeife. Ich las sie wieder und konnte es kaum fassen, daß ich mich jetzt dort befand, wo der Stein für seinen Pfeifenkopf herstammte und ich mir welchen für meinen besorgte, den der Pfeifenmacher bald gestalten würde.

„Seht diese Pfeife! Vergeßt nie, wie heilig sie ist, und behandelt sie entsprechend, denn sie wird euch bis zum Ende begleiten . . . Mit dieser Heiligen Pfeife werdet ihr die Erde beschreiten, denn die Erde ist heilig. Jeder Schritt darauf sollte ein Gebet sein . . . Alle Dinge des Universums sind mit euch verbunden, die ihr die Pfeife raucht, alle senden ihre Stimmen zum Großen Geist. Wenn ihr mit dieser Pfeife betet, so betet ihr für und mit allem Erschaffenen."

Eine Warnung begleitete das Kommen der Pfeife.

„Früh an einem Morgen, es ist sehr viele Winter her, waren zwei Lakota auf der Jagd mit ihren Pfeilen und Bögen, und als sie auf einem Hügel standen und nach Wild Ausschau hielten, sahen sie von weitem etwas in einer ungewöhnlichen und wunderbaren Weise auf sie zukommen. Als dieses rätselhafte Wesen ihnen näherkam, sahen sie, daß es eine wunderschöne Frau war, die in weißes Wildleder gekleidet war und ein Bündel auf dem Rücken trug. Nun war diese Frau so schön anzusehen, daß in einem der Lakota böse Absichten aufkamen, und er erzählte seinem Freund von seinem Verlangen. Dieser gute Mann sagte ihm, daß er solche Gedanken nicht haben sollte, da dies sicherlich eine Wakan-Frau sei. Die geheimnisvolle

Person war jetzt sehr nahe bei den Männern, stellte dann ihr Bündel ab und bat den Mann mit den bösen Absichten zu sich. Als er sich ihr näherte, wurden beide von einer großen Wolke umhüllt, die sich bald wieder auflöste. Die heilige Frau stand da, und der Mann mit den bösen Gedanken bestand nur noch aus Knochen, die ihr zu Füßen lagen, und furchtbare Schlangen fraßen an ihm."

Black Elk betonte ausdrücklich, daß dies nicht nur als ein zeitliches Geschehen aufgefaßt werden sollte, sondern auch als eine immerwährende Wahrheit. „Jeder Mensch", sagte er, „der seinen Sinnen und den Dingen dieser Welt hörig ist, ist einer, der in Unwissenheit lebt, und er wird von den Schlangen verzehrt, die seine eigenen Leidenschaften darstellen."

Dies ist etwas, an das sich diejenigen, die um eine Pfeife bitten, erinnern sollten. Es trifft auf jedem Pfad zum Licht zu. Wir müssen alles mit Freude empfangen und mit liebevoller Fürsorge und Entsagung anwenden, was das geheimnisvolle Wakan-Wesen uns für unser Wachstum und Glück beschert hat. Wir sind Gäste im Hause des Großen Geistes, und es wäre wohl grob und unhöflich, das, was uns vorgesetzt wird, nicht zu schätzen und uns nicht dafür zu bedanken. Nichts wird uns jedoch gegeben, damit das Ego es ausbeutet, verschlingt oder zerstört. Haben wir ein großes Ego-Tier in uns, so muß es bewußt gebändigt werden, denn nicht ihm steht das Universum zur Verfügung, sondern uns.

Sich lossagen von den Trieben des niederen Selbst mit seinen flüchtigen Begierden und Leidenschaften ist eine Voraussetzung für das Beschreiten des Weges. Mit anderen Worten, unsere Selbstbeherrschung muß größer werden. Swami Nikhilananda sprach über Selbstbeherrschung in seinem Buch *Atmabodha,* Selbsterkenntnis. „Selbstbeherrschung ist der innerste Kern der vedischen Disziplin. Ohne sie ist kein Fortschritt im geistigen Leben möglich und auch keine erfolgreiche Meditation. Selbstbeherrschung bedeutet die Entwicklung der Willenskraft sowie die Stärkung der steuernden Fähigkeit, die alle Sinnesorgane lenkt."

Ein indianischer Heiliger riet: „Wenn du morgens aufstehst, danke für dein Leben und deine Stärke. Danke für dein Essen und danke für die Lebensfreude. Und wenn du keinen Grund zu danken erkennst, sei sicher, daß der Fehler in dir selbst liegt."

„Schau da, was du siehst!" sagte die fremde Frau zum gutgesinnten Mann. „Ich komme zu deinem Volk und wünsche mit eurem Häuptling Hehlokecha Najon (Standing Hollow Horn) zu sprechen. Geh zu ihm und sage ihm, er möge ein großes Tipi vorbereiten, in dem er all sein Volk versammelt und Vorbereitungen für meine Ankunft trifft. Es ist mein Wunsch, euch etwas Wichtiges mitzuteilen."

Was sie ihnen überbrachte und erläuterte, war das Kommen der Heiligen Pfeife.

## 15

Nach meiner Rückkehr brachte ich die Steinblöcke zu Power Man. Einer war für ihn, einer für Tsaviaya, einer für den Pfeifenmacher und einer für meine Pfeife. Dann wartete ich in freudiger Erwartung. Wie würde sie aussehen? Würde sie groß oder klein sein, verziert oder einfach? Würde der Stiel aus Weidenholz, Apfelholz oder Pfirsichholz sein?

Ich wußte, daß drei Tage vergehen mußten, bevor ein Medizinmann eine Entscheidung traf. Vielleicht galt das auch für Pfeifenmacher. Nachdem er entschieden hatte, dachte ich, daß es eine oder auch zwei Wochen dauern könnte, das Holz zu schneiden, den Pfeifenkopf zu schnitzen und ihn auszuhöhlen.

Ein Monat verging. Vielleicht hatte der Pfeifenmacher viel zu tun, vielleicht mußten vor meiner viele andere Pfeifen gemacht werden. Ich war von je her der Auffassung — es war absurd und trotzdem eine Überzeugung —, daß Menschen erst zur Aktivität übergingen, wenn ich mit ihnen in Kontakt trat. Dann hatten sie nichts Wichtigeres zu tun, als sofort der Botschaft von mir zu folgen, der sie sich völlig widmeten. Genauso war es mit Orten. Eine Stadt blieb, wie sie war, wenn ich sie verließ. Bei meiner Wiederkehr sprang das Leben wieder an, und die Bürger gingen ihrem auf meinen bezogenen Lebenswandel nach. Wenn ich wegging, war wieder alles in einem latenten Zustand eingefroren. So meinte ich jetzt, daß meine indianischen Freunde nichts anderes im Kopf haben könnten, als meine Pfeife, und daß sie die Überreichung an mich absichtlich aus Gründen verzögerten, die zu verstehen sie von mir erwarteten.

„Dann wartest du", hatte Power Man gesagt. Ich hatte das akzeptiert, aber sicherlich war dieses Warten, nun bereits im dritten Monat, zu lange. Vielleicht erwartete er, daß ich etwas Weiteres tat. Ich wußte aber, daß man einen Medizinmann nie zweimal um etwas bitten und das einmal Erbetene nie wieder erwähnen durfte, bis er es tat. Vielleicht erlegte er mir eine Prüfung auf, und wenn es so war, war sie wirksam.

Ich besuchte die Schwitzhütte, nahm an den Zeremonien und Heilenden Schwitzungen teil. Power Man und Tsaviaya übersahen mich etwas mehr als sonst, aber die anderen hießen mich willkommen wie immer, mit gutgelaunter Toleranz und Belustigung. Ich machte weiter mit der Routine des Alltags, dem Maschineschreiben, den Pflichten. Weiterhin empfing ich die, die bei mir Rat oder Abhilfe für Wehleiden suchten, geistige Schmerzen erlitten, trauerten oder von Armut und Angst niedergeschlagen waren, denen freundschaftliche Anteilnahme, ein offenes Ohr, eine Erinnerung daran, daß ‚darunter die Immerwährenden Arme' sind, das war, was sie begehrten und was sie empfangen wollten. Täglich saß jemand an meinem klapprigen Küchentisch oder ging mit mir den Berg hinauf zu dem gemütsberuhigenden Bach.

Tag für Tag nahm mein inneres Drängen nach dem Besitz der Pfeife weiter ab. Als es nicht mehr vorrangig in meinem Kopf war — die leuchtenden Spekulationen darüber abschwollen —, als ich begriff, daß ich eine Pfeife nicht unbedingt haben müßte, daß ich die Werkzeuge anwenden konnte, die ich bereits hatte, Kräuter, Steine, Kerzen, Wasser, Farbe, Musik, Worte, Sachen, die ich zur Hand hatte, und andere, die ich um mich herum finden konnte; als ich begriff, daß ich mit leeren Händen in der Stille sitzen und ohne Anwendung irgendwelcher Hilfsmittel ein Medium der heilenden Kräfte sein konnte, da war der Moment gekommen, das ‚Wenn die Zeit richtig ist' des indianischen Denkens auf natürliche Weise eingetreten — und ich erhielt meine Pfeife.

Tsaviaya rief mich vor dem Schwitzen zu sich.

„Etwas für dich", sagte er.

Auf dem Tisch lag ein langer weißer Pfeifenstiel und daneben der rote Pfeifenkopf. Er nahm sie mit seinen großen, sanften Händen auf und fügte sie zusammen.

„Pfirsichholz." Er berührte die Schnitzereien des Pfeifenkopfes. „Vier für die vier Winde."

„Die vier Richtungen, die vier Alten Männer?"

Er nickte. Da waren andere Markierungen, zwei Gruppen von Einschnitten, einer kurz, mit feinen Endungen wie Pfeile, ein fünfter Punkt in der Mitte, wie das Korn eines Gewehrlaufes und vier weitere Mulden wie von Daumen gemacht, dort wo der Kopf den Stiel aufnahm. Auf dem Stein gab es helle Flecken wie Sternchen. Zusammengezählt waren neun Markierungen vorne und vier hinten, also insgesamt dreizehn. Tsaviaya sprach nicht davon. Er hielt mir die Pfeife entgegen, sagte mir, sie „gut zu segnen" und sie dann zur Schwitzhütte zu bringen, damit sie geweiht würde.

Ich nahm sie entgegen und trug sie zum Auto, wo ich eine Schale und Salbei hatte, für Segnungen, Schutz und Notfälle. Vor jeder Reise rauchsegnete* ich das Auto von außen, unter der Motorhaube, am Fahrersitz, innendrin; eine einfache Vorsichtsmaßnahme, die jeder treffen kann. In den Gebieten, wo Salbei nicht wächst, gibt es Zedernholz, Fichtennadeln, Süßgras und andere wohltuende, wohlriechende Gewächse. In Städten läßt sich Weihrauch von den Lieferanten der Kirchen beschaffen und Räucherstäbchen sind in kleinen Läden erhältlich, Sandelholz gehört zu den besten. Weihrauch mit Moschus sollte nicht verwendet werden. Am wichtigsten sind der Glaube und die Kraft der Segnung.

Ich rauchsegnete den Pfeifenkopf und -stiel getrennt, dann gemeinsam, rief also die vier Großen Kräfte an und nahm noch

---

* Rauchsegnen: Sinngemäße Übersetzung des Begriffs „smudge", was bedeutet, sich oder einen Gegenstand zu reinigen und zu segnen, indem man sich oder ihn (üblicherweise viermal) mit dem Rauch von Salbei oder anderen aromatischen Kräutern in einer Schale, oder von einem Büschel Süßgras, befächelt. Rauchsegnen geht allen sakralen Handlungen voraus und wird von traditionellen Indianern auch im Alltag und besonders vor wichtigen Handlungen vorgenommen, da es die Gegenwart und den Schutz der Großväter beschwört.

zwei hinzu, Großvater Himmel und Mutter Erde, also waren es sechs. Plötzlich durchflossen mich Worte ohne Willkür meines Gehirns, leicht abgewandelte Worte aus *Die Heilige Pfeife*. Ich erkannte später, woher sie kamen. Zur Zeit wußte ich nur, daß sie richtig waren und gesagt werden sollten.

„Mein Großvater, Wakan Tanka, du bist alles. Alle Dinge gehören dir. Ich habe dein Kraut auf dieses Feuer gelegt. Sein Duft gehört dir.

O Wakan Tanka, du bist der Erste und warst schon immer. Siehe diese Pfeife, die mir kürzlich anvertraut wurde. Die vier Kräfte und das ganze Universum werden in den Kopf dieser Pfeife getan.

O du, wo die Sonne aufsteigt, der das Licht beschützt und Wissen gibt. Es ist ein Platz für dich in dieser Pfeife.

O du, der die heiligen Winde führt, dein Atem gibt Leben. Es ist ein Platz für dich in dieser Pfeife.

O du, geflügelte Kraft des Ortes, wo die Sonne untergeht. Du und deine Wachen, ihr seid uralt und heilig. Es ist ein Platz für euch in dieser Pfeife.

O du, geflügelte Kraft, von der die starken, reinigenden Winde ausströmen, es ist ein Platz für dich in dieser Pfeife.

Großvater Adler, Wanbli Ganesh, der in den höchsten Himmeln kreist, du siehst alle Dinge über und auf der Erde. Hier ist diese neue Pfeife. Hilf mir, durch sie meine Stimme zu Wakan Tanka zu senden. Hilf mir, diese Pfeife richtig anzuwenden.

O Unchi und Ina, unsere Großmutter und Mutter Erde, ihr seid heilig. Wir wissen, daß unsere Körper von euch stammen. Betrachtet diese neue Pfeife. Es ist Platz für euch in dieser Pfeife.

Alle Dinge sagen dir Dank, o Wakan Tanka, wir richten unsere Bitten an dich, weil wir wissen, daß du der Einzige bist, daß du Macht über alles hast. Möge diese neue Pfeife, die mir anvertraut wurde, ein Kanal sein, der dein Heilen an die Welt weiterleitet. O Großer Geist, segne uns, damit Menschen leben mögen."

Es war Zeit, zur Hütte zu gehen. Ich ging langsam, hielt die Pfeife in der Beuge des rechten Armes, wie Pfeifen getragen werden sollten, und schloß mich der Menschenschlange an, die auf den Eintritt wartete. Ich stand da und blickte schüchtern zu Boden, versuchte die interessierten Blicke nicht zu sehen, die gewisse Bewegung um mich herum nicht zu spüren. Als ich an der Reihe war, den Salbei aufzuheben, tat ich es ungeschickt, linkshändig, und verlor mein Handtuch. Die Frau hinter mir hob es auf und trug es für mich, eine Geste der Freundschaft wie so viele, die mir in meiner Ungeschicklichkeit von denen zuteil wurden, deren Bewegungen immer anmutig und richtig waren. Als ich mich bückte und eintrat, nahm mir Power Man von seinem Sitz an der Tür die Pfeife ab, und ich ging nach vorne um den Kreis zu meinem Platz. Er legte die Pfeife auf einen Salbeizweig vor sich.

Die gute Freundin neben mir gab mir das Handtuch und murmelte: „Ich freue mich für dich." Dann wurden die brennenden Steine hereingebracht, und das Schwitzen begann. Es war dasselbe zeitlose, stark geladene Erlebnis, aber als Power Man ansagte, daß dies ein ‚Großvater-Schwitzen' wäre, bei dem sich jeder für erhaltenen Segen bedankt, anstatt zukünftigen zu erbitten, fühlte ich, daß endlich die Bedingungen der richtigen Zeit erfüllt worden waren. Ich wußte natürlich, daß es nicht allein meiner Freude galt, daß ‚Großvater-Schwitzen' oft abgehalten wurden, aber ich war froh, daß gerade an diesem Tag eines stattfand.

Das Schwitzen erschien mir besonders schön, harmonisch und heilig. Ich spürte die Hitze kaum. Ich empfand liebende Kameradschaft im Kreise, keine Barrieren von Rasse oder Hautfarbe. Draußen könnte alles wieder etwas holpriger sein, aber hier waren wir geschützt in unserem Menschsein beisammen.

Am Ende des Schwitzrituals gab mir Power Man die Pfeife auf ihrem Salbeipolster, und ich trug sie ins Sonnenlicht hinaus.

Die Pfeife ist der indianische Altar. Die Aushöhlung des

Pfeifenkopfes ist gleich dem Kelch des Heiligen Grals oder des chinesischen Pi, der runden Jadescheibe mit der heiligen Vertiefung in der Mitte. Sie hat auch die Bedeutung von Bechern, Kratern, Kesseln und Löchern samt ihrer reichhaltigen Symbolik auf vielen Ebenen. Aber man kann sich im Symbolismus verirren und in wissenschaftlichen Recherchen verlieren. Stattdessen sollte man die Eine Wahrheit hinter allen Symbolen erleben, zu ihr streben und sie unkompliziert und freudig leben.

Der Kelch des Pfeifenkopfes ist ein Kreis mit einem Mittelpunkt, das uralte Symbol des Großen Ursprungs von Allem. Der Kreis symbolisiert auch den Tierkreis und seine Zyklen, die Tafelrunde des Artus, die tibetanischen und hinduistischen Mandalas und das Große Medizinrad des Indianers. Es wurde geschrieben: „Sich von dem äußeren Rand zur Mitte zu begeben, heißt soviel, wie sich vom Äußeren zum Inneren zu bewegen, von der Form zur Betrachtung, von der Vielfalt zur Einheit, von Raum zur Raumlosigkeit, von der Zeit zur Zeitlosigkeit. In allen Symbolen, die die mystische Mitte darstellen, besteht die Absicht, dem Menschen die Bedeutung des ursprünglichen ‚paradiesischen Zustandes' zu offenbaren, sowie ihn zu lehren, sich mit dem obersten Prinzip des Universums zu identifizieren."

All diese Dinge sind in dem Pfeifenkopf wie auch im Herzen einer Blüte, im Zentrum eines Vulkans, im Mittelpunkt einer Schneeflocke oder im Sonnengeflecht (Solar Plexus), der mittleren Kammer des inneren Tempels des Menschen. Es ist gut, sich dieses Wissens gewahr zu bleiben, der Bestätigung der Ganzheit des großen kosmischen Bauplanes, der allen Glaubensrichtungen, allen Religionen, allen Pfaden zum Licht zugrunde liegt. Aber während der Zeit des Rauchens sollte man diese Gedanken beiseite legen und sich darauf konzentrieren, daß man ein sauberer und klarer Mittler für den Empfang und die Weiterleitung des Segens des Großen Geistes wird.

Der Pfeifenstiel hat auch viele symbolische Bedeutungen

und eine der offensichtlichsten ist die des Zauberstabes, der aus gewissen Hölzern, die in bestimmter Weise gesammelt werden, gestaltet werden muß und nur magischen Zwecken geweiht werden darf. Ein gerader Zweig aus Mandelholz, Haselnuß, Pfirsichholz oder Weide, von dem noch nicht erblühten Gehölz mit einer geraden Sichel in der Morgendämmerung geschnitten, war eine der empfohlenen Methoden zur Anfertigung eines solchen Stabes. Der Stab war auch hohl — wie chinesischer Bambus —, symbolisierend, daß das Mark des niederen Selbst entfernt wurde. Es bezog sich auf das Tao des richtigen Lebens, ‚Weisheit innen, Würde außen'.

Weisheit ist eine innere Errungenschaft. Würde bezieht sich auf den Herrscher, der in der Antike als göttlich galt und ein Bindeglied zwischen Himmel und Erde darstellte. Dies ist auch die Funktion des Pfeifenstiels, ein in beiden Richtungen wirkendes Medium der Kommunikation zwischen ‚Denen Oben' und der Menschheit.

## 16

Ich hing die Pfeife an der Westwand meiner Hütte auf, wie ich angewiesen worden war. Sie war durch einen Rahmen aus Salbei geschützt, bis ich die traditionelle Pfeifentasche für sie machen konnte. Diese muß von der Person gemacht werden, der die Pfeife anvertraut ist, kein anderer sollte sie anfertigen. Ich habe zugesehen, wie Männer unbeholfen an ihren Pfeifentaschen nähten, während ihre Frauen, Experten in der Verarbeitung von Wildleder, mitfühlend zusahen, ihren Rat erteilten, aber keine tätliche Hilfe leisteten.

Wildleder ist das ideale Material für eine Pfeifentasche, aber heutzutage ist Wildleder schwer erhältlich und sehr teuer. Andere Arten von Leder sowie Stoff werden verwendet. Die Tasche muß die richtige Form haben und die traditionellen Fransen. Obwohl manche Taschen herrliche Verzierungen aus Glasperlen aufweisen, sollten sie, wenn sie ‚Arbeitspfeifen' schützen sollen, die bei Zeremonien und für Heilzwecke Verwendung finden, einfach und schmucklos sein. Während ich wartete, bis ich das richtige Material für meine beschaffen und auch verarbeiten konnte, verhängte ich die Pfeife mit einem rosafarbenen Tuch und darüber langen frischgepflückten Salbeipflanzen vom Berg.

Die einzige Westwand meiner Hütte war im Wohnzimmer, das jeder Besucher betrat. Ich war gewarnt worden, daß niemand außer mir die Pfeife berühren durfte, aber sie war ein peinlich auffälliges ‚Gesprächsstück', und ich erlebte dauernd, wie es meine weißen Freunde dahin zog, um sie näher zu betrachten, ihre Neugier zu befriedigen, ihre Hände danach auszustrecken . . .

„Nein, nein", mußte ich ihnen sagen. „Das darfst du nicht anfassen."

„Aber was ist es denn?"

Die meisten waren vor den Kopf gestoßen, wenn ich sagte: „Kümmer dich nicht drum“ und das Thema wechselte.

Ich beklagte mich darüber bei Rosella und einigen der anderen Frauen, als wir uns nach einem Schwitzen umzogen. Ein merkwürdiger Blick ging durch die Gruppe.

„Das ist, weil du etwas Wichtiges ausgelassen hast“, sagte Rosella feierlich.

„Oh? Was habe ich denn versäumt?“

„Du mußt ein großes Stück Papier besorgen . . .“

„Weißes Papier, ganz weiß“, fügte eine andere hinzu.

„Ja? Weißes Papier. Wie groß?“

„Ungefähr so.“ Sie gestikulierte mit den Händen.

„Und dann mußt du dir schwarzes besorgen . . .“

„Schwarze Farbe, schwarze Tinte.“

„Schwarze Tinte? Ja.“

„Um besondere Zeichen zu machen.“

Es war still, während sie mich ansahen.

„Und dann mußt du es unter die Pfeife hängen.“

„Aber welche Art von Zeichen?“ fragte ich und dachte an Zeichensprache oder Bilderschrift.

„Du mußt hinschreiben BITTE FRAGE NICHT.“

Daraufhin lachten alle und ich mit ihnen, froh, daß sie mich verulkten, weil das hieß, daß sie mich mochten. Sie hatten mit ihrem einzigen ‚Weißen Apfel‘ viel Spaß. Früher einmal, als ich noch glaubte, ich könnte Paiute lernen, brachten sie mir einen Satz bei. Erst eine, dann die andere Frau übte ihn mit mir, ließ ihn von mir wiederholen, bis sie sich einig waren, daß ich ihn konnte. Seine Bedeutung sagten sie mir nicht.

„Wenn die Zeit richtig ist.“

Nachts, nach einer ‚Sermony‘ schickten sie mich dann zu der Gruppe um Power Man herum, um meinen Satz aufzusagen, und dann würde Power Man mir erklären, was er bedeutete.

Also durchquerte ich den Raum dorthin, wo die wichtigen Leute um den Medizinmann versammelt waren, und als sie mich bemerkten und sich mir überrascht zuwandten, sagte ich meinen Satz stolz und behutsam auf. Es war eine Obszönität, die den Abend für alle außer mir aufheiterte, und man ließ ihn mich im Verlauf vieler ‚Sermonys' nicht vergessen.

Ich blamierte mich auch bei einer anderen erinnerungswürdigen ‚Sermony'. Dieses Mal waren so viele Menschen anwesend, daß wir in vier Reihen saßen, ich in der vordersten. Wir wurden angewiesen, mit der Reihe hinter uns zu wechseln, indem wir nach hinten rutschten, und dies jedesmal wiederholten, bis die hinterste Reihe die vorderste war.

Bewußt, daß ich ‚die Weißen' vertrat, war ich entschlossen, alles unauffällig und richtig zu machen. Auf meinem Polster rutschend, fing ich an, mich in der Finsternis mit den anderen nach hinten zu bewegen. Bald bemerkte ich Bewegung links von mir, nicht aber rechts. Niemand kam an mir vorbei nach vorne. Wahrscheinlich, dachte ich, bin ich noch nicht weit genug nach hinten gerutscht, also machte ich weiter und weiter. Noch immer war keiner an mir rechts vorbeigekommen, also rutschte ich wieder.

Als die Lichter angingen, saß ich ganz weit vorne zwischen den heiligen Gegenständen bei Power Man. Gelächter und überraschte Ausrufe ertönten. Tsaviaya verließ seinen Platz und packte mich fest am Ohr. Mit der anderen Hand zog er mich hoch, schob mich in die vorderste Reihe und setzte mich auf den bloßen Fußboden, ohne mein Kissen.

„Du bleibst DA", sagte er und wieder lachten alle.

Später verstand ich, daß ich nicht an mich und meinen Anteil an dem Geschehen hätte denken sollen, sondern ausschließlich an die Zeremonie. Ich erkannte auch, daß ich mich von den Geräuschen, vom Singen und Trommeln, entfernt hatte, anstatt von der Raummitte, also war ich stattdessen da hineingerutscht.

Am Morgen nachdem ich die Pfeife nach Hause gebracht hatte, erwachte ich aus einem Traum, der im Bewußtsein blieb, einer von den außergewöhnlichen Träumen. Ich war auf dem Berg in einer Gruppe von Menschen. Sie rauchten meine Pfeife. Plötzlich erkannte ich, daß ich nicht warten mußte, bis sie die Runde gemacht hatte, ich konnte ohne sie rauchen. Reine weiße Wolken strömten aus meinem Mund. Ich erhob mich und lief, teils springend, teils fliegend den Berg hinab, und blies unterwegs weißen Segen aus, glückselig bewußt, daß ich die Pfeife war und immer sein würde.

Worte der Kraft und des Segens flossen aus mir heraus. Ich ‚redete', ich sang. Als ich völlig wach und angezogen war, ließ ich das Frühstück aus, nahm die Pfeife aus ihrer Salbeiumhüllung und ging den Berg hinauf, um sie zum ersten Mal zu rauchen.

Power Man hatte mir einen Vorrat an Indianertabak gegeben, Kinni-kinnick, bestehend aus Kräutern, Rinde und der wildwachsenden Tabakpflanze, verwandt mit der Lobelie. Er zeigte mir, wie ich ihn für mich selber zubereiten sollte, mit welchen Mischanteilen, „und wenn du nichts anderes bekommen kannst, nimm Bull Durham*."

Ich füllte den Pfeifenkopf dem Ritual entsprechend und zitterte ein wenig, als ich die Pfeife den Großvätern darbot und um Erlaubnis bat, sie dort, wo ich war, zu rauchen. Ich bat um ihren Schutz, während ich rauchte, lud sie ein, mit mir zu rauchen, wenn sie mochten, und bat für die Gebete in der Pfeife, sagte Dank für den Segen, sie haben zu dürfen, und für allen Segen dieses Lebens.

Das Streichholz flackerte beim Anzünden und erlosch fast. Ich bat die Feuergeister um ihre Hilfe. Der Tabak brannte alsbald. Ich sog den ersten langen Zug ein, dann hielt ich die Pfeife mit dem Stiel vorweg hoch, drehte sie langsam im Kreise, damit die Großväter rauchen konnten. Ich senkte sie wieder, sog den Rauch ein und hob sie erneut hoch mit den Worten: „Großvater Adler, ich sende eine Stimme für die Gebete in dieser Pfeife, für Schutz und als Danksagung."

Die Pfeife alleine zu rauchen, im Freien oder drinnen, ist ein

---

* Bull Durham ist die am weitesten verbreitete Marke von Beuteltabak zum Selbstdrehen im Westen. Früher auch oft in Western-Filmen gezeigt.

ganz persönliches Erlebnis. Die Omen und die Ahnungen, die eintreten, die Präsenzen, die sich spürbar machen, die Erwiderungen der natürlichen Welt, Tiere, die kommen, um gesegnet zu werden, Vögel, die vorbeifliegen, mit den Flügeln winken und zurückkommen, um in einem nahen Busch zu singen, Blüten, die sich weiter öffnen, Gräser, die sich tiefer neigen, Wasser, das im Bach einen neuen Ton und Rhythmus trommelt, diese Dinge können nicht besprochen werden, ohne an Wirkung zu verlieren, dem Zufall zugeschrieben oder sogar verächtlich abgetan zu werden, was dem Spötter Unheil bringen könnte. Aber sie können von denen entdeckt, empfunden und verstanden werden, die bereit sind, sich verantwortungsbewußt und aufrichtig hinzusetzen, sich als Kanal für das Wirken der Großväter anzubieten, die erstreben, ein Tabakkrümel in der Pfeife des Großen Geistes zu werden.

Solche Selbstverpflichtungen, ob mit oder ohne Pfeife, Stein, Feder oder andere Konzentrationsobjekte, bleiben von den Großvätern nicht unbemerkt. Sie, die die Erde mit uns bewohnen, drücken ihre Zufriedenheit deutlich aus. Es gibt Zeichen und Signale, um uns an die unsichtbaren Beobachter zu erinnern, jene, die der heilige Paulus meinte, als er sagte: „Wir sehen, daß wir umgeben sind von einer riesigen Wolke von Zeugen." Ich glaube, unter ihnen muß es viele Indianer geben, denn wenn ich manchmal an gewissen Plätzen rauche, bin ich mir überwältigend bewußt, daß mir Indianer zusehen.

Je öfter ich die Pfeife rauche, um so überzeugter bin ich davon, aber was ich am Tag meines ersten Rauchens in mein Tagebuch eintrug, war lediglich: „Kühle des Morgens, die Wolken über dem Berg, das Blau. Nahm die Pfeife an einen heiligen Ort. Großer Frieden und Segen. Jetzt verstehe ich, was Tsaviaya meinte, als er sagte: ‚Meine ganze Kraft, alles kommt von der Pfeife.' Jetzt weiß ich, es ist wahr!"

## 17

Nach einem Jahr ständiger Übung hatte ich vieles über den Weg der Pfeife gelernt. Mir wurde die richtige Weise gezeigt, sie zu reinigen und zu pflegen, die richtige Weise, ‚auf heilige Art' zu sitzen, das gründliche Rauchsegnen meiner selbst und aller Gegenstände, die verwendet wurden, wie Streichhölzer, Tabak und Stopfer — die langen dornenartigen Blätter des Joshua-Baumes eignen sich gut dafür, wie auch zum Reinigen des Pfeifenkopfes — und ich wurde vor der schleichenden Versuchung gewarnt, solche Kräfte mißbrauchen zu wollen.

Zuerst hielt ich diese Warnung für überflüssig, bis ich erfuhr, wie subtil und echt die Gefahr ist. Leute brauchen Hilfe, sie bitten um etwas Spezifisches. Wer die Arbeitspfeife raucht, weiß, daß sie bekommen können, worum sie bitten, also bitten wir zuerst um diese eine Sache und fühlen uns ein wenig selbstzufrieden, wenn sie gewährt wird. Später beginnen wir zu verstehen, daß die Großväter möglicherweise bessere, tiefere, weitere Segnungen für den Bittsteller vorgesehen haben, um die dann gebeten werden muß.

Wir sind nur Kanäle, Weiterleitende, nicht Urheber, aus eigener Kraft können wir nichts bewirken. Was von uns verlangt wird, ist, den Bittsteller und seine Not dem Willen von Wakan Tanka, dem Großen Geist, näherzubringen, dann den Kanal sauber und klar zu halten, offen für das Niedergehen des weißen Strahls heilenden Lichts, der durch uns fahren wird, um Mensch und Problem zu umschließen.

Dies sind Sachen, die wir für uns selbst entdecken müssen. Als ich versuchte, Tsaviaya um Rat zu bitten, war seine Antwort: „Ich soll dir nichts sagen." Als ich mich an Power Man wandte, meinte dieser: „Ich kann dir nicht erklären, wie du deine Pfeife anwenden sollst, nur wie man sie pflegt. Was du tust, ist deine Sache."

Am Anfang machte ich sogar viele oberflächliche Fehler. Wenn ich die Pfeife den Berg hinaufnahm, setzte ich mich mit dem Gesicht zum höchsten Gipfel, in dem Wissen, daß dort ein großes Wesen war, zu dem ich mich immer hingezogen fühlte. Dies bedeutete, daß ich in Richtung Westen saß. Beim Rauchen spürte ich ein gewisses Unbehagen, bis mir aufging, daß ich mit dem Gesicht nach Osten sitzen sollte. Ich entschuldigte mich bei den Großvätern und danach saß ich so, daß ich über das Tal blickte, mit dem Rücken zur Bergkette. Da war die Situation richtig.

Das erste Mal, als ich richtig saß, war ich überrascht, aber nicht erschreckt, als ich Druck zwischen den Schulterblättern spürte, wie von einer wohlwollenden, freundlichen Hand. Und immer, wenn ich an dem Platz rauchte, auch wenn manchmal kalte Winde wehten, empfand ich an der Stelle wohltuende Wärme, wo ich den Druck gespürt hatte.

Allmählich wurde die Pfeife zu einer Verlängerung meiner selbst, wie es das Instrument des Musikers wird oder ein geliebtes, viel benutztes Werkzeug eines Handwerkers. Dieses trifft für jeden Gegenstand zu, der in Meditation oder Heilung angewendet wird. Diejenigen, die keine Pfeifen haben, können sich einen Stein aussuchen oder ein anderes Objekt aus der Natur, zu dem sie ein verbindendes Gefühl empfinden, und im Laufe der Zeit und bei uneigennütziger Anwendung können sie diese Wahrheit selbst entdecken.

Wenn Leute Hilfe suchen, ist es gut, sie an einen alten Spruch zu erinnern: „Erbitte, was du willst, und zahle dafür, spricht Gott." Ein weiterer Hinweis auf die Ebene, auf der das Rauchen der Pfeife stattfindet, ist die Tatsache, daß kein Geld geboten oder dafür angenommen werden darf. Eine kleine Menge Tabak sollte als Teil des Rituals gegeben werden, um die Verbindung zwischen der Pfeife und dem Bittsteller zu verstärken.

Wenn mich Leute fragen, was für einen Tabak ich verwende, kann ich ihnen nicht genau sagen, was in dem Beutel ist. Die

Grundmischung ist Kinni-kinnik, Weidenrinde und wildwachsender Indianertabak mit Bull Durham oder anderem Tabak, der mir gegeben wurde. Ich muß Tabak ablehnen, der mit Alkohol oder anderen Gärmitteln hergestellt wurde. Die Tabakgabe sollte nicht ausgelassen werden. Es ist gut für die Bittsteller, wenn sie den Rauch ihrer eigenen Gabe zum Großen Geist aufsteigen sehen. Es hilft ihnen verstehen, daß wir alle Tabakkrümel in der kosmischen Pfeife sind.

In Ausnahmefällen, wenn ein Bittsteller mit leeren Händen gekommen ist, wirkt es positiv, ihm zu erklären, daß ein Überschuß aus den Tabakspenden anderer vorhanden ist, von dem wir uns jetzt versorgen können, um das Entnommene später zu ersetzen. Dieser zusätzliche Vorrat wird auch verwendet, um den Großvätern Opfer zu bringen, um die Plätze zu segnen, an denen man raucht, und für ähnliche Zwecke. Es ist gut, den Bittstellern zu sagen, daß sie der Tabak, den sie spenden, mit dem verbindet, um das sie bitten. Ich sage ihnen auch, daß, wenn sie einmal die Pfeife geraucht haben, sie immer in den Segen eingeschlossen sind, den ich für alle erbitte, die je mit mir geraucht haben. In Augenblicken der Gefahr oder der Versuchung sollen sie sich daran erinnern, daß ein Netz aus Kraft, Gebet und Liebe existiert, das ihr eigenes Flehen an den Großen Geist ergänzt. Es erinnert auch an die untereinander bestehende Abhängigkeit aller Wesen und Dinge der Schöpfung.

> Denn so ist die ganze Erde in jeder Weise,
> Gebunden von goldenen Ketten — (dem aufsteigenden Rauch) — um die Füße Gottes
>
> Alfred Lord Tennyson, *Idyllen des Königs*

Im Laufe der Jahre habe ich auf den Bergen geraucht, in staatlichen Wäldern, an Seen und Flußufern, in Wüsten, neben Schnellstraßen, in Städten, sogar in Motelzimmern. Ich habe den Ort immer gesegnet und eine Opfergabe für den Großvater hinterlassen, der die Region überwacht. Eine Landkarte, auf der all diese Plätze mit Linien verbunden wären, würde interessant sein. Ich glaube, sie könnte vielleicht sogar ein bedeutendes geometrisches Muster aufzeigen.

Ich erinnere mich, wie ich einmal mit einer Familie auf der balkonartigen Plattform der Feuertreppe eines Wohnblocks in Louisville, Kentucky, zwischen den Abfalltonnen rauchte, die dort abgestellt waren. Es war der einzige verfügbare Ort, wo wir unter uns sein konnten. Während wir rauchten, gingen Menschen vorbei, lachten und redeten unten auf der Straße. Plötzlich schaute eine Frau hoch und sah uns. Der Mann neben mir stieß einen erschreckten Laut aus. Er sprang auf und raste die Treppe hinunter auf die Straße. Es stellte sich heraus, daß diese Frau eine alte, aus den Augen verlorene Freundin war, für die er gerade gebetet hatte.

Niemand sieht uns, der uns nicht sehen sollte. Ich habe an einem Flüßchen geraucht, und Angler gingen dicht an mir vorbei, ohne mich zu sehen. Es sind Leute bei mir eingetroffen, kurz nachdem ich die Pfeife beiseite getan hatte und als der Salbei noch vor mir glimmte, und sie sagten etwas wie: „Eine gute Idee! Das wirkt wohl gegen die Mücken."

Ich glaube, wenn es notwendig wäre, im Hauptbahnhof von New York zu rauchen, könnte ich mich inmitten der Menge hinsetzen und nicht gesehen werden. Aber es müßte wirklich notwendig sein. Die Großväter hätten mir mitteilen müssen, daß ich es tun sollte. Ich könnte nicht willkürlich riskieren, die Pfeifenzeremonie zur Schau zu stellen.

Einmal, im Lande der Hopi, konnte ich keinen abgelegenen Platz zum Rauchen finden. Das war ein flaches, sandiges Gebiet, wo alles meilenweit sichtbar war. Ich sah eine kleine Mulde im Sand und folgte einem Pfad dorthin. Meine Begleiterin und ich saßen geduckt und ich begann das Ritual. Alsbald murmelte sie: „Oh, oh, wir bekommen Besuch." Ein Kleinlaster hatte die Straße verlassen und war uns gefolgt. Ich bat die Großväter um Schutz und rauchte weiter. Fünfzehn Meter von uns entfernt hielt der Laster, wendete und fuhr wieder weg.

Power Man entsandte mich mehrmals, um an besonderen

Plätzen Opfer zu bringen und Segen zu erbitten. Einmal schickte er mich an den Pyramid Lake in Nevada, weil, wie er sagte, „die Leute dort ihren See nicht auf sakrale Weise pflegen."

Als ich endlich einen Platz gefunden hatte, der, soweit ich es beurteilen konnte, frei von Touristen und von Störungen abgeschirmt war, kreiste ein goldener Adler tief über mir, während ich rauchte. Als ich den Platz verließ, flog ein anderer Adler, ein großer schwarzer, die Straße entlang auf mein Auto zu, wendete und begleitete mich eine Meile lang.

Es ist nicht ungewöhnlich, daß Adler oder andere Vögel und Tiere am Rauchen teilnehmen, und, obwohl dies nicht erforderlich ist, um uns zu vergewissern, daß die Großväter wissen, was wir tun, und beim Rauchen bei uns sind, ist es eine herrliche Zugabe.

Ich wurde zum Beispiel im Sommer 1976 nach Georgia geschickt, um in einer ernsten Situation einer dortigen Gemeinde zu helfen. Als ich mich am zweiten Tag mit meiner Pfeife hinsetzte, erschien ein Hund und setzte sich neben mich. Als ich fertig war, stand er auf und trottete davon. Jeden Tag danach kam er, um seinen Segen zu erhalten, und obwohl ich zu verschiedenen Zeiten an diversen Orten rauchte, wußte er, wann und wo er mich finden konnte. Nachdem dies eine Woche lang so verlaufen war, erschien er eines Tages mit einem Gefolge von drei Katzen. Er setzte sich auf einer Seite hin, die Katzen auf der anderen, und alle verhielten sich völlig ruhig, bis die Zeremonie beendet war; dann gingen sie fort. Es wurde zu einer regelrechten Prozession — hintereinander den Hügel hoch — und einer Belustigung für die Leute, die es sahen. Bald waren auch diese Leute da, um am Rauchen teilzunehmen. Dann saß der Hund still neben mir, aber die Katzen zerstreuten sich zwischen den Menschen und stellten würdevolle Beispiele von Aufmerksamkeit und Ruhe dar.

Es ist vielleicht überraschender, wenn die wilden Tiere kommen. An manchen Plätzen sind es die Vögel, anderswo die Vierfüßler, woanders wiederum Bienen und andere Insekten.

Dies weist darauf hin, wer die Großväter der Gegend sein könnten. Manche Großväter sind vierfüßig, und dann hat die Pfeife eine gewisse Eigenschaft, nicht von Gewichtigkeit, sondern von Festigkeit. Manche sind geflügelt und die Pfeife ist leichter, entzündbarer. An einem Ort in Kalifornien ist der Großvater eine Goldbiene, die zuerst erscheint und von anderen Bienen und stechenden, summenden Insekten gefolgt wird. Zuerst hat mich dies erschreckt, es störte mich, wenn sie sehr nahe kamen, sich sogar auf meinem Gesicht und meinen Händen niederließen. Ich bin gegen Bienenstiche allergisch und mußte sogar ein Krankenhaus aufsuchen, wenn ich mehr als einmal gestochen wurde.

Ich lernte, die Angst zu beherrschen, sie dann zu überwinden, die Bienen und andere Insekten zu begrüßen, zu segnen, sanft mit ihnen zu sprechen, mit der Bitte, sich ein bißchen zurückzuziehen, ohne fortzufliegen. Sie taten es, kreisten in gewisser Entfernung und beim heiligsten Teil der Zeremonie setzten sie sich auf Steine oder Zweige und verhielten sich ruhig. Nach einer Weile war ich so an ihr Dabeisein gewöhnt, daß sie mir gefehlt hätten, wenn sie nicht gekommen wären, um den Segen der Pfeife zu erhalten und in ihre Gemeinschaften zurückzunehmen.

Wenn wir durch die verschiedenen Gegenden reisen, ist es ein Gebot der Höflichkeit, die Erlaubnis zum Rauchen und Schutz während des Rauchens vom dortigen Großvater zu erbitten; auch dem Großvater die Pfeife anzubieten, damit er sie, falls er es wünscht, als erster rauchen kann.

In einer Gegend, in der es Bären gab, hörte ich einmal schwere Schritte im Gebüsch. Ich rauchte weiter, aber mein Herz schlug schneller und mein Atem wurde unregelmäßig. Die Fußstapfen hörten auf, als sie sehr nahe waren; hinter einer Gruppe von Büschen mir direkt gegenüber. Ich fühlte, ich wußte es, Großvater Bär stand da. Ich versuchte, meine mit Angst gemischte Erregung zu beherrschen. Ein langer Augenblick verstrich. Dann, langsam, auf einem Felsen vor mir, verdeutlichte sich ein Gesicht aus dem Felsen heraus, aber auch so, als ob es gezeichnet oder eingeritzt wäre, wie ein Piktogramm. Es war das Gesicht eines Bären, der mich ernsthaft betrachtete, die Schnauze wie zum Schnüffeln erhoben. Meine Begleiterin sah es auch, obwohl sie mir später sagte, sie hätte die herannahenden Schritte nicht gehört.

Ich rauchte weiter und bat um zusätzlichen Segen für das Gebiet, für den Großvater und die Naturgeister. Der Kopf auf dem Felsen begann zu verblassen, bis er mit den letzten langen Rauchzügen verschwunden war. Im Gebüsch knackte es, da waren die Geräusche eines großen Tieres, das sich zurückzog. Dieses Mal hörte es auch meine Begleiterin. Wir fühlten uns glücklich, akzeptiert und geehrt, im Einklang mit dem Großvater und Mutter Erde. Den Rest des Tages spürten wir, daß wir beobachtet wurden, daß wir von dem Wald auf beiden Seiten der Straße her wahrgenommen wurden, bis wir das Gebiet verließen und in die Domäne eines anderen Großvater eintraten, dieses Mal eines geflügelten.

Am nächsten Tag fanden wir gegen Mittag einen Platz, wo die Nez Perce ein Friedenskonzil abgehalten hatten, wie auf einer Geschichtstafel am Straßenrand zu lesen war. Wir überstiegen einen Stacheldrahtzaun hinter der Tafel und gingen etwas nach links hinter Bäume und Büsche. Hier fand D., meine Begleiterin, einen geeigneten Steinbrocken und wir setzten uns, um zu rauchen. Ich bat die Großväter der Gegend um Erlaubnis, hier zu rauchen, um Schutz während wir rauchten, sowie um einen Segen für die Schwitzhütte und die Leute zuhause. Ich erklärte, wer wir waren, woher wir kamen, was wir machten und die Aufträge, deren Erfüllung unser Reisezweck war.

Als ich rauchte, ertönte direkt über uns der Schrei eines großen Vogels, sehr fremdartig und klar, in etwa wie die Töne der Flöten aus Adlerknochen, die bei manchen Zeremonien benutzt werden. Am Himmel war kein Vogel zu sehen, und es herrschte meilenweit klare Sicht. Er blieb da über uns, unsichtbar schreiend. Wir meinten, es hätte eine Gans sein müssen. Später entdeckten wir, daß Häuptling White Bird, dessen

Gebiet wir gerade durchquert hatten, nach der weißen Wildgans benannt war. Der Vogel hatte sich genau wie eine Gans angehört. Als wir weiterfuhren, kreisten zwei Adler über uns, und wir waren beide noch lange mit Genugtuung und Frieden erfüllt.

Kurz danach erreichten wir ein Indianerreservat der Nez Perce, in dem es auch ein Museum gab, und dort hielten wir an. Dies war der Stamm des Häuptlings Joseph sowie des Häuptlings White Bird. Ich fragte zwei Indianerfrauen im Museum nach Häuptling White Bird und wurde unhöflich abgewiesen. Das stimmte uns traurig, denn wir waren noch immer selig von den Rufen des großen Vogels. Wir hatten gehofft, daß sie spüren würden, daß wir Pfeifen-Menschen waren, zumindest aber Brückenbauer. Aber diese waren verbitterte, Weiße hassende Indianer; von dem Schlag sollten wir später andere mit voller Wucht in unserer eigenen Gegend kennenlernen. Sie ließen ihre Bitterkeit an uns aus, und wir sahen zu, daß wir dort fortkamen, und fuhren nachdenklich weiter.

Am nächsten Tag war es schwierig, einen Platz zum Rauchen zu finden, dieses Mal aufgrund weißer Feindseligkeit. Das Land war entlang beider Straßenseiten meilenweit eingezäunt. ‚Betreten verboten'-Schilder waren an Zaunpfählen und vielen Bäumen angebracht. Es ist ein normales Erlebnis, den ganzen Tag unterwegs zu sein, ohne auf einen Ort zum Rauchen zu stoßen, der in einem das ‚richtige Gefühl' auslöst. Ich fragte mich manchmal, was passieren würde, wenn wir einfach vor der Tür eines Ranchhauses halten und sagen würden: „Wir sind gekommen, um das Land zu segnen. Können wir Ihre Erlaubnis haben, die Heilige Pfeife unter diesen Bäumen zu rauchen?" Aber ich habe das nie gewagt, und deshalb sehen wir manchmal den Adler oder seine Boten, die Krähen, wie sie über einem besonderen Ort kreisen, ihn kennzeichnen und uns dahin bitten, und wir können dem Ruf nicht folgen, sind durch Verbotsschilder ausgesperrt, bis hin zu dem rüden ‚Zutritt VERBOTEN! SIE sind gemeint!', das an manch traurigen Baum genagelt wurde.

Wir fuhren lange zwischen von Menschen errichteten Begrenzungen durch das Territorium des Großvaters White Bird bis wir, als es schon ziemlich spät wurde, einen kleinen Weg nach links sahen, ohne Zaun oder Gatter. Wir folgten ihm voller Hoffnung, aber hier war flaches Land, und man konnte uns mühelos von der Landstraße aus sehen. Bald sahen wir eine Mulde und einige Bäume, die Deckung zu versprechen schienen. Wir bogen auf einen noch unwegsameren Pfad ab und steuerten auf sie zu. Sie beschützten einen Teich, der am Rand mit Ried und Büschen umgeben war. Als wir aus dem Wagen stiegen, war der Himmel voller Gänse, die über unseren Köpfen kreisten, sich drehten und schrien. Da war eine große Schar von sieben Gänsen und eine andere von sechs, und eine flog immer vorweg, führend, wie es schien, nicht nur in der Gruppe, sondern in der ganzen Gemeinschaft. Es waren keine Kanadagänse, denn sie waren völlig weiß. Wir fragten uns, ob es Schneegänse sein könnten, aber die sind selten.

Plötzlich stürzten sie sich hinab auf den Teich, und wir gingen vor, um unter der Baumgruppe zu rauchen. Es war ein langes, schwieriges Rauchen, denn es waren viele kranke und bedrängte Menschen in der Pfeife und es galt auch, dieses neue Gebiet zu segnen. Als wir fertig wurden, kam ein kleiner Vogel, setzte sich auf einen Zweig und redete erregt. Ich antwortete pfeifend. Als ich aufhörte, sagte D.: „Wo sind sie hin? Hast du sie wegfliegen gehört?"

Am gesamten weiten Himmel und auch im Teich gab es keine Andeutung von Gänsen. Sie waren gegangen, wie sie gekommen waren, wie Adler in der Sonne verschwinden, und genauso geräuschlos. Kein Wasserschlag, kein Rauschen der Flügel, kein Schrei. Es schien unmöglich. „So hatte ich mich nun auch nicht konzentriert", sagte D., „du etwa? Ich habe viele andere Sachen gehört, ein Auto auf der Straße, einen Traktor und den Wind."

Noch als wir uns umsahen, hob sich meine ziemlich schwere Tabakdose von dem Stein, auf dem sie stand, kippte seitwärts, und der Deckel fiel ab. Normalerweise war er nur schwer abzuheben, aber vielleicht hatte ich ihn nicht wieder fest draufgedrückt, nachdem die Pfeife gefüllt war. D. starrte offenen Mundes und murmelte: „Sehen wir zu, daß wir hier wegkommen!“ Aber ich sprach bereits beruhigend mit den Naturgeistern. Nach dem Rauchen, besonders in neuen Gegenden, erwarten die Großväter eine Gabe Tabak, den die ‚kleinen Männer der Berge‘ und andere Gnome und Geister besonders genießen. Hier waren die kleinen Leute ungeduldig auf die Gabe, auf die ich sie wohl zu lange habe warten lassen, weil ich den Himmel immer noch nach Gänsen abgesucht hatte. Ich entschuldigte mich dafür, daß sie sich hatten selber bedienen müssen, hob die Dose auf und streute weitere Prisen auf den Boden und in den Teich. Opfergaben von geweihten Tabakkrümeln, die in Wasserfälle, Flüsse und Bäche gegeben werden, reinigen den Wasserfluß von der Quelle bis hin zur entferntesten Mündung, sowie das Land, das von dem Wasser berührt wird. In Teichen und Seen ist die Wirkung dieselbe, obwohl sie nicht fließen. Es ist ein langsamerer Vorgang, bedächtiger, eine kreisende Bewegung rund an den Ufern entlang, zur Mitte hin und zurück zum äußeren Rand. Die Opfergabe wird den Wassergeistern zugedacht, die sie dann verwalten. Auf festem Boden verteilen die Erdgeister den Segen und ein weiterer Winkel der Erde ist sauberer und heller.

Ich erklärte dies D., der einige Wege der Pfeife noch fremd waren, und ich sagte ihr, was ich von der Gans wußte. Hansa war die heilige Gans, der Schwan oder die Ente des Brahma, auf der er reitet. Sie wurde von Shiva und Vishnu geschickt, um ihn zu kreativer Tätigkeit zu wecken, wenn er schlief. Laut der Sanskrit-Literatur sind die Eier der Hansa mit Ambrosia gefüllt. Sie treiben auf den Wassern, und von Hansa heißt es, sie sei ‚berauscht von Liebe‘.

„So haben sie sich dieses Mal wirklich benommen“, sagte D.

Hansa ist die Gans, die goldene Eier legt (Sonne und Mond) und auch eine Botin der Liebe. Die Gans ist ein Symbol der ehelichen Treue. In Ägypten ist Seb (die Erde) eine Gans, ‚die große Schnatternde‘, die das goldene Ei der Sonne legt. In Mythologien wird die Gans oft mit dem Schwan verwechselt, dem Zeichen von Weiß und Schnee, Wolken und Mysterium. Die Gans ist auch ein Emblem von Freyr und der Schwan der Freyja. Schwäne und Gänse waren in Apollos Chor im Frühjahr.

Diese wilden weißen Gänse aus Kanada oder noch weiter nördlich, oder vielleicht sogar aus dem Land der Geister, waren Boten des Großen Geistes. Sie hoben unsere Gemüter zu Freude und Dankbarkeit für den Zauber und das Wunder des Universums, und wir sprachen viel von ihnen, während wir die letzten Etappen unserer Heimreise zurücklegten.

Es ist Brauch, die Pfeifen zum ersten Schwitzen eines Monats mitzubringen, um sie segnen zu lassen. Wir sitzen dann unter unseren Pfeifentaschen, die hinter uns aufgehängt sind. Es ist ein merkwürdiges Gefühl, die Pfeife hinter sich anstatt vor sich zu haben, denn die Schwingungen von Kraft kommen durch Schultern und Rückgrat statt aufwärts zum Herzen und zur Kehle. Die Wirkung der Schwingungen jeder aufgehängten Pfeife kommt zu der Kraft, die in der Hütte erzeugt wird, und macht dieses erste Schwitzen des Monats anders als alle restlichen. Dies trifft auch dann zu, wenn wir in einem entfernten Auftrag abwesend waren und unseren Brüdern und Schwestern, deren Gebete uns gefolgt sind und uns schützen halfen, soviel wir können, von dem mitteilen, was wir getan und erlebt haben. In diesem Austausch werden die solidesten Brücken des Verständnisses gebaut.

Es kann mehr über die Pfeife erzählt werden, aber es geht dann eher um Dinge, die jeder für sich entdecken und erleben sollte. Wie Tsaviaya und Power Man bereits erklärt hatten: Keiner kann uns sagen, was wir mit unseren Pfeifen, unseren Steinen, unseren Federn oder was wir sonst noch an heiligen Gegenständen haben, tun sollen. Es sind individuelle Vorgänge, deren Ablauf und Form jeder von uns selbst zu bestimmen hat. Einige Sachen sind konstant und können von anderen gelehrt und gelernt werden. So zum Beispiel die richtige Pflege der Gegenstände, die wir bei Meditation, Gebet und

Heilung verwenden, den Respekt und Schutz, mit denen wir diese Dinge umgeben, und, vorrangig vor allem, daß wir weder sie noch irgend etwas anderes, das uns der Große Geist gibt, selbstsüchtig anwenden. Wenn es uns um Eigennutz geht, um persönliche Macht oder Prestige, wird unser Kontakt zu den Großvätern blockiert, die Kraft in unseren Pfeifen wird verschwinden, und wir werden nicht mehr klare Kanäle für die heilenden Kräfte des Großen Weißen Lichts sein.

Soviel kann gelehrt werden. Der Rest, wie Power Man oder jeder echte Medizinmann oder Lehrer sagen würde, „hängt von dir ab."

## 18

Als ich die Pfeife ungefähr ein Jahr lang hatte, war die Zeit richtig, mein erstes Fasten abzuhalten. Ich reiste zu Power Mans Reservat in Wyoming. Ich fuhr alleine, nach dem Abschieds-Schwitzen in Tsaviayas Schwitzhütte. Ich hatte keine Familie, die mich unterstützen könnte, aber Power Mans Frau bot mir an, meine Familie zu sein und während des Fastens ‚hinter mir' zu stehen. Dies war eine Ehrung und ein Trost, wenngleich ich zur der Zeit nicht ahnen konnte, was es uns beiden abverlangen würde.

Die Fahrt erforderte zwei Tage, in deren Verlauf ich Zeit zum Denken hatte und um mich geistig vorzubereiten, wie ich es bereits einige Wochen lang im materiellen Bereich tat. Es ist üblich, daß die fastende Person das Essen für den Medizinmann, seine Familie und diejenigen stellt, die zu den Schwitzungen und Zeremonien vor und nach dem ‚Einschluß' kommen.

Der Wagen war mit Proviant und Geschenken beladen, die verteilt werden sollten. Decken, Kleidung, Haushaltsgegenstände, Tabak, Eisenwaren, Glasperlen, etwas für jeden einzelnen, der kommen würde, um das Fasten zu begünstigen und um den besonderen Segen zu erhalten, der in solcher Zeit ausströmt. Geschenke müssen immer neu sein, also ist Fasten ein teures Opfer, für das Leute sparen müssen, manchmal jahrelang. Sobald ich sicher war, daß ich fasten würde, fing ich an, zu sparen und Sonderangebote einzukaufen, und ich bat meine Freunde, Kleinigkeiten zu spendieren. Die Freundin, die mir geholfen hatte, nach Minnesota zu kommen, schenkte mir 100 Dollar für Benzin und Verpflegung. Ohne das wäre ich nicht ausgekommen. Auch wählte Power Man eine Zeit, zu der drei Männer ‚hineingingen', so daß wir uns die Auslagen teilen konnten.

Aber auch so war es für uns alle ein Opfer, was Fasten auch sein sollte. Ich wußte, daß die wichtigen Geschehnisse auf höheren Ebenen stattfanden, aber mir gefiel das Symbolhafte daran, daß wir Fastenden die Nahrung der Menschen besorgten, die an uns bei dem Verzehr denken sollten, bewußt für uns aßen und tranken, damit wir befreit sein würden, tiefergehend zu fasten.

Ich sollte zwei Nächte lang ‚hineingehen', das Übliche für ein erstes Fasten. Die Nächte waren der wichtige Teil. Tagsüber konnte ich ausruhen, sogar in der Fastenhütte etwas schlafen, was in den Nächten jedoch nicht erlaubt war. Während des Fastens durfte nichts über meine Lippen gehen, keine Speise, kein Wasser, nicht einmal ein Stückchen Salbei. Eigentlich darf ich meinen Mund ausschließlich mit der Pfeife berühren. Ich muß aufrecht auf dem Stroh sitzen, das Gesicht nach Osten gerichtet, die Pfeife haltend, die von dem Medizinmann zeremoniell gestopft sein würde. Ich muß Gesang sprechen, laut beten und mit den Geistern reden, die kommen würden, um meine Ernsthaftigkeit und alles, was in der Fastenhütte geschah, zu überprüfen. Fastenhütten sind kleine, einzelne Schutzbauten, die vom Medizinmann und dem Benutzer errichtet und nach dem Fasten abgerissen werden.

Soviel theoretisches Wissen hatte ich. Die tatsächliche Beteiligung war jedoch so weit ab davon, wie meisterhaftes Kunstspringen vom Hüpfen von einem Sprungbrett entfernt ist. Auch die Pilgerreise dahin bereitete mich keineswegs auf das totale Erlebnis vor. Die Reise war ein Teil meines Fastens.

Ein Auszug aus meinem Tagebuch vom 14. Juni 1970 besagt:

Bin früh aufgestanden und weggeschlichen, um meine Schwitzkleider ‚auszuwringen' und ein reinigendes Bad in den heißen Quellen zu nehmen. Nach einer reichlichen Stunde setzte ich unvorsichtigerweise den Wagen auf einen Stein und kriegte ihn nicht wieder los. Ich versuchte alles, ging dann zwei Meilen zum nächsten Haus, ungewiß, was mir dort begegnen würde. Ich holte einen jungen Mann aus seinem Sonntagsschlaf. Er kam mit mir zum Wagen zurück, hebelte ihn vom Stein herunter, und ich konnte weiterfahren. Es war eine lange, einsame, schreckliche Fahrt, bei der die Warnanzeige der Lichtmaschine in einer verlassenen Gegend aufleuchtete. Ich fuhr mit Unbehagen weiter, dachte aber an die Schönheit des Planeten, das bevorstehende Fasten und die Merkwürdigkeit der Dinge.

Nach einigen Stunden erreichte ich eine Tankstelle und ließ die Batterie aufladen, aber das Fahren auf langen, menschenleeren Strecken mit leuchtendem Warnlicht zehrt an den Nerven. Ich überließ das Problem den Großvätern, entschlossen, das Fasten zu erreichen, sei es per Anhalter, zu Fuß oder auf allen vieren. Die Großväter nahmen sich der Sache an.

Endlich hatte ich es bis Salt Lake City geschafft und entdeckte, daß der Ventilator an der Lichtmaschine gebrochen war, sonst nichts. Nachdem ich schon befürchtet hatte, das Reservat heute nicht mehr zu erreichen, traf ich dort am späten Nachmittag ein und wurde herzlich begrüßt. Es gab da ein großes Lager. Man sagte mir, wo ich den Wagen abstellen sollte, gegenüber einem Tipi mit Blick auf eine große Wiese, und ich begann, mich in der Gemeinschaft häuslich niederzulassen. Glücklicherweise kannte ich Power Man, seine Frau und einige der anderen. Wer mich nicht kennt, wird mich eben so akzeptieren müssen, meinte ich, da wir alle zusammen schwitzen. Ich wünschte, ich hätte eine warme Ausstrahlung und eine charmante Art an mir. Ich ziehe mich zusammen und blicke finster wie früher in L., als ich der exklusiven Gesellschaft angehörte. Ich passe nirgendwo ganz hinein, aber überall zu einem gewissen Grad.

Dienstag, 16. Juni 1970

Ein langer, unter den Blicken der Öffentlichkeit anstrengender Tag. Aber das Schwitzen abends war wunderbar. Es war ein Heilendes Schwitzen für einen Mann mit Lungenkrebs sowie eine Überprüfung des Zustandes von Power Mans Frau. Ich hoffe, ihr fehlt nichts; sie ist zu wertvoll.

Mittwoch, 17. Juni

Wachte um 2 Uhr früh auf und beschloß, meine Pfeife zu rauchen, um etwas von der Feindseligkeit und der Spannung abzubauen, die ich besonders gegenüber der Gruppe nebenan empfinde. Und ich wurde gesegnet und befreit. Dann Frühstück mit Power Man und Familie, ging dann los und suchte einen Platz, um meine Schwitzkleidung zu waschen. Ich fand ihn an einer Flußbiegung. Hatte ihn für mich alleine, ordnete den Inhalt meines Beutels und schrieb dies nieder. Ich werde oft an diese Flußbiegung kommen, solange ich hier bin.

Heute abend das Schwitzen des Einschlusses. Vier Runden, keine Öffnungen und trotzdem war es nicht zu unerträglich heiß. Später, bei Vollmond, Begleitung der Drei zu ihren Faststätten. Sie gehen für vier Nächte hinein. Wir gingen hintereinander in einer Reihe über die Felder, eingewickelt in Decken und Tücher, eine lange, stille Prozession. Auf einer entfernten Landstraße fuhren Autos, aber bei uns hätte es Hunderte von Jahren früher sein können.

Nach einer Weile erreichten wir den Ort, wo drei kleine Wickiups standen — grob erstellte Unterkünfte aus Zweigen und Schilf — mit den Öffnungen nach Osten und in Abständen von etwa dreißig Metern. Jeder der Männer stand an der Tür seiner Hütte und wartete darauf, darin eingeschlossen zu werden. Das Ritual war ausgedehnt und sehr ergreifend. Power Man schloß sie ein, wir umkreisten sie, sangen ihnen zu, berührten die Türpfosten und überließen sie ihrer einsamen Wache. Ein merkwürdiges, fremdartiges Erlebnis. Das zeremonielle Versiegeln der Öffnungen mit Tabakblättern und anderen Sachen war endgültig und abgeschlossen. Wenn Power Man beim Sonnenaufgang hingeht, um die Fastenden für eine Weile hinauszulassen, müssen die Öffnungen unberührt aufgefunden werden. Anschließend müssen die Männer für den Rest des Tages zurück in die Hütten, um dann nachts wieder eingeschlossen zu werden.

Ihre Familien und Freunde flüsterten jedem der Männer Worte des Vertrauens und der Ermutigung durch die versiegelten Öffnungen zu, dann verließen wir den Ort, gingen wieder in einer Reihe hintereinander über die Felder. Es war schwierig, in der nur vom Mond erhellten Dunkelheit zu gehen. Jemand fiel in einen Graben und wurde wortlos herausgezogen. Ich stolperte und verlor einen Schuh, wagte es aber nicht, die Reihe zu verlassen, um ihn zu suchen. Jemand hinter mir hob ihn auf, und er wurde nach vorne weitergegeben, bis er mich erreichte.

Donnerstag, 18. Juni

Ich ging ‚hinter die Decke', hatte das Bedürfnis, alleine zu sein, und machte mich zu dem Platz am Fluß auf, den ich gestern entdeckt hatte. Heute und teilweise gestern war mir nach Weinen zumute, und zeitweise habe ich es auch getan. Dies ist bei mir sehr unüblich, um so mehr, da ich mir einer tiefen Ruhe, sogar Freude, hinter den Tränen bewußt bin. Vielleicht ist dies kosmische Trauer, ein Teil des Fastens.

„Tropf, tropf, langsame Tränen . . ." Ich ‚faste' bereits von vielem: Bequem fließendem Wasser, sauberen, abgeschlossenen Toiletten, einem Bett, das bequemer ist als der mit Gegenständen überhäufte Rücksitz meines Autos, obwohl es mir treu dient und ich gut darin schlafen kann. Auch entbehre ich die Verschonung von dauerndem Geschrei und Lärm, von der Unruhe der Menge und lautem Gelächter über primitive Witze. Auf der intellektuellen Ebene ‚faste' ich von Büchern, Musik und Konversation. Dies alles sind Prüfungen.

Freitag, 19. Juni

Wieder am Fluß. Ich nahm einen kleinen Stein von dem Ort, wo ich sitze und legte eine Opfergabe aus Salbei an seinen Platz. Es ist ein gewöhnlicher Kieselstein, aber die Schwingungen des Flusses sind in ihm.

Dies ist der Tag, an dem ich auch ‚hineingehe'. Ich faste, weil ich geschworen habe, es zu tun, sowie für A. und B., ihre Gesundheit und ihre Pfade zum Licht, jedoch ist mein Hauptzweck dieses Fastens, eine geweihte Heilerin zu werden, die den

Pfad der Schönheit geht.

Später kam ein furchtbar heißes Schwitzen, aber ich überstand es irgendwie und warte nun bei meinem Auto, um gesagt zu bekommen, was ich tun soll. Die drei Männer fasten am Horizont. Der Wind ist sanft und kalt auf meinem Gesicht, aber ich habe jetzt schon Durst. Die anderen essen und trinken gerade das, womit ich sie versorgt habe. Ich weiß nicht, ob ich hätte da hingehen sollen, um mit ihnen zu essen, aber um sicher zu gehen, tue ich es nicht. Das wird mein Fasten vollständiger machen, falls ich hätte essen sollen, und mein Ansehen bewahren, wenn ich es nicht hätte tun sollen.

Mein ganzes Leben lang habe ich Ängste um die zeitliche Richtigkeit meines Handelns gehabt, war mir nie sicher darüber, was man von mir erwartete. Gemeinschaftliches Zusammenleben wie hier schafft mich, warten schafft mich, weshalb der heutige Abend etwas entnervend auf mich wirkt, wie wenn man am Flughafen auf eine Maschine wartet oder an einer Haltestelle auf einen Bus.

Man möchte seinen Platz einnehmen und startbereit sein. Diese Vorstadien des Fastens sind zweifelsohne gut für mich, aber ich bin versucht zu denken, daß ich vergessen und zurückgelassen wurde, ein Alptraum aus meiner Kindheit. Auch mag ich es ganz und gar nicht, wenn man mir Dinge nicht sagt oder das Gesagte widersprüchlich ist, all diese kleinen irritierenden Prüfungen, die uns beibringen sollen, uns über das Kleinliche zu erheben und an Überblick zu gewinnen.

Es stellte sich heraus, daß man von mir erwartet hatte, mit den anderen zu essen, aber wie üblich, „das ist deine Sache“. Man meinte, es wäre eben meine Sache, wenn ich das nicht wollte, und respektierte meine vermeintliche Entscheidung, fernzubleiben. Power Mans Frau hatte gesagt, ich solle „gleich nach dem Schwitzen“ eingeschlossen werden, aber gemeint war gleich nach der gesamten Zeremonie inklusive Essen. Der Zeitpunkt war endlich gekommen. Ich wurde zu meiner Fastenhütte geführt, nicht über die Felder zu dem Ort, wo die Männer waren, sondern zu einer kleinen Schwitzhütte hinter der großen. Viele kamen, um zuzusehen, wie ich eingeschlossen wurde, mir die Hände zu schütteln und Erfolg zu wünschen. Einige baten mich darum, für sie zu beten, alle sagten, daß sie für mich beten würden. Ich empfand aufwallende Liebe für sie, die Menschen, für die ich fasten würde, an deren Stelle ich trat.

Ich stand mit dem Gesicht nach Osten mit meiner Pfeife im Arm. Power Man sprach ein langes, melodisches Gebet in uraltem Arapaho, dann führte er mich hinein, rauchsegnete den Ort, segnete mich mit Süßgrasrauch und verließ rückwärtsgehend langsam die Hütte. Seine Frau hatte meine gefaltete Fastendecke auf das Schilf gelegt. Ich setzte mich darauf, und sie schlossen mich ein.

Die Dunkelheit kam schlagartig, vollständig und erschreckend. Ich begann, laut zu beten, anfangs, in dem Wissen, daß mir eine stille Gruppe draußen zuhörte, sehr selbstbewußt. Ich wußte von dem Einschließen der drei Männer, was draußen wohl geschah, wie sie lauschten und es noch eine Weile tun würden, bis sie mich der Prüfung der Geister überließen.

Die ersten Stunden eines Fastens sind beängstigend, einsam und feierlich. Sie sind wie Einkerkerung, die Einkerkerung des Meisters, bis hin zu Anzeichen von Trauer und Bedrängnis. Plötzlich war ich überwältigt und begann zu schluchzen, weinte um die Verzweiflung in der Welt. Ich weinte aus Angst und Elend, aus Schmerz auf allen geschichteten Ebenen des Lebens, ob Mineral, Pflanze, Tier, Mensch oder noch weiter bis ins All. Ich weinte wegen Ungerechtigkeit, Fehlhandlungen, Verschmutzungen, Verwundungen von Mutter Erde und der Wesen, die von ihr lebten. Ich weinte, ohne aufhören zu können, wußte aber, daß es nicht aus Selbstmitleid geschah. Es war eine edelmütige Traurigkeit, kosmisch und reinigend, die aus gewaltigen, unbekannten Tiefen hochquoll, unter denen ein Kern von ruhiger Klarheit unverändert blieb.

Ich weiß nicht, wie lange ich in dieser ersten Nacht weinte. Zeit existiert beim Fasten nicht. Alsbald waren kleine blinkende Lichter da, wie die, die ich in der Schwitzhütte gesehen hatte. Allmählich nahm ich eine graue Form wahr, schwach umrissen in der Dunkelheit, die mit dem Rücken nach Osten saß, vornübergebeugt und passiv mein Schluchzen anzuhören schien. Mein Weinen endete mit einigem letzten, mich schüttelnden Schluchzen. Ich begann mit diesem gesichtslosen Jemand zu ‚sprechen'. Er saß da, um als mein Richter über mich zu urteilen und durch mich über uns alle, denn ich wußte, daß ich an diesem Ort zu dieser Zeit das Volk darstellte.

Die Worte versiegten wie das Weinen. Ich saß schweigend und hielt meine Pfeife. Eine große Müdigkeit kam über mich, schlimmer als Hunger oder Durst. Mein Körper sehnte sich nach Nachgeben, nach Hinlegen, nach Schlaf, aber das hieße, dem Vertrauen und der Wache nicht gerecht geworden zu sein. Ich wußte, daß, obwohl ich alleine war im All, von allem Leben, wie ich es gekannt hatte, abgeschnitten, sich andere empfindende Wesen irgendwo da draußen darauf verließen, daß ich getreu blieb, dieses Fasten bis ans Ende durchhalten würde. Ich fing an, laut und intensiv zu beten.

„Jetzt darfst du die Pfeife rauchen", sagte eine ehrwürdige Stimme in meinem Kopf. Ich blickte zu der Form hin — sie war verschwunden. Es gab nichts außer ‚Dunkelheit sichtbar' in diesem Grab, in dem ich saß. Ich tastete nach den beiden Streichhölzern, die mir gegeben waren, entzündete eins und damit die Pfeife. Ich war so erschöpft, daß ich vergaß, den Salbeipfropfen zu entfernen, mit dem Power Man sie versiegelt hatte, und rauchte ihn mit. Das Rauchen von Salbei ist stärkend und reinigend, das Rauchen im Dunkeln ein merkwürdig eingeschränktes Erlebnis. Anscheinend sind eine Reihe von Sinnesempfindungen in dem gesamten Vorgang verstrickt, außer Geruchssinn, Geschmackssinn und ähnliches. Sich einem von ihnen zu entsagen, zerstört das Gleichgewicht der ganzen Handlung. Die Fähigkeit, zu sehen, entdeckte ich, ist dafür von wesentlicher Wichtigkeit.

Trotzdem war es wohltuend, durch die Pfeife mit den Großvätern zu sprechen, als geweihte Pfeifenfrau den vertrauten

Kontakt zu spüren, erneut durch dieses freiwillige Opfer geweiht. Ein langsamer Zug nach dem anderen war dem Segnen von diesem und jenem geweiht, der Erde, dem Wasser, der Luft, dem Feuer, den Großvätern, den Schwitzhütten, den Fastenhütten und den Männern, die darin ihre Einweihung erlebten, Power Man und seiner Familie, allen rothäutigen Völkern und mir. Der letzte Zug stieg hoch, die Pfeife kühlte ab. Ich reinigte sie, legte sie über meinen Schoß und saß meditierend.

Als der Hahn krähte, wußte ich, daß die Morgendämmerung nahte. Der Türvorhang wurde hochgeschlagen. Power Mans Frau, leise, mit ihrer besonderen Anmut durch das Rechteck aus grauem Licht gehend, entsiegelte mich für den Tag. Ich taumelte hoch und schritt hinaus. Anstatt zur Sonne als Vertreter des Großen Geistes zu beten, wie es sich gehörte, eilte ich geradewegs zur Toilette hin.

Ein junger Indianer kam gerade heraus. Er hielt die Tür für mich auf, aus Achtung für das fastende Opfer, und ich rauschte hinein. Irgendwie war das fürstlich und rührend. Die Regierung gab den Indianern keine Kanalisation, aber mit welcher Würde die ihre freistehenden Klosetts benutzten!

Dann kehrte ich zurück zu einem langen, heißen Tag voller Entbehrung und schrillem Lärm. Die Männer in der Entfernung hatten Stille, aber meine Fastenhütte stand mitten im Lager. Hitze, Unbequemlichkeit, Durst, Mücken, ein verheultes Gesicht, zerzaustes Haar und das Gefühl, klebrig und schmutzig zu sein, all das war Teil des Fastens, der körperliche Teil.

Durch den geöffneten Eingang konnte ich die nahe gelegene Schwitzhütte sehen, und dahinter Felder mit Luzerne. Nach vielen schleppenden Stunden sah ich, wie das Feuer zum Erhitzen der Steine aufgebaut und entzündet wurde, und endlich, wie die Menschen zum Schwitzen hineingingen. Ich hörte den vertrauten Gesängen zu und sang im Geiste mit.

Power Man und sein Sohn kamen in der Abenddämmerung, um mich für die zweite Nacht einzusiegeln. Erneut rauchsegneten sie mich mit Salbei und Süßgras, rauchsegneten die Hütte und die Decke, dann stopfte Power Man die Pfeife und segnete auch sie. An der Öffnung drehte er sich und brach die Stille, um ein langes Arapaho-Gebet zu sprechen, dann war er fort. Der Türvorhang fiel und wurde festgemacht, und wieder herrschte totale Finsternis, wieder hatte ich Angst. Aber dieses Mal ging die Angst schnell vorüber. Es war ruhiger in der Fastenhütte und in meinem Geist. Trauer umgab mich noch, aber ich weinte nicht.

Ich betete laut und dachte an die drei Männer, die in tieferer, größerer Unbequemlichkeit fasteten als ich, die doppelte Anzahl von Nächten lang. Ich erneuerte meine Gelübde und saß meditierend mit der Pfeife quer über die Beine gelegt.

White Eagle sagte: „Am Anfang deiner Erschaffung lagst du im Herzen des Logos. Alle Wahrheit liegt in diesem einfachen und zentralen Gedanken. Als du hinaus ins Sein gehaucht wurdest, als du hervorgingst aus dem Herzen des Großen Geistes und entdecktest, daß du im Besitz freien Willens warst, hast du ihn benutzt wie ein eigenwilliges Kind. Als Folge dessen fielst du in den Sumpf des Leidens. Dort hast du in der Tat gelitten, und du leidest immer noch.

Wenn du zum Herzen der Mysterien des Kosmos fortschreiten willst, führt dein Weg durch Erkenntnis der leisen kleinen Stimme, dem innerlichen Großen Geist und die Meditation darüber; denn alle Geheimnisse der Ewigkeit liegen in deinem Herzen."

Seine Lehren kamen jetzt in der Dunkelheit und Abgeschlossenheit dieser Einkerkerung zu mir zurück, denn in Wahrheit ist die Fastenhütte ein Grab. Die Zeremonien der Versiegelung sind wie die Zeremonien einer Bestattung. Die da draußen, die uns mit behutsamen Händen nach vorgeschriebenem Ritus begraben, mögen uns lieben und für uns beten, aber sie können uns nicht erreichen. Wir sind für die äußere Welt nicht erreichbar. Nur die Geisterwelt hat hier Eintritt. Ihre Gesandten sind überall. Anstelle des großen grauen Richtenden, der in der vorigen Nacht gekommen war, gab es andere, kleinere, sanftere Wesen. Ich fühlte das Streichen von Flügeln, Berührungen von Händen und ein Krabbeln auf meinem Kopf, als wenn ihn ein Vogel mit seinem Schnabel untersuchte. Ein gelber Schnabel, dachte ich mir, von einem großen weißen Vogel.

„Großvater Adler", betete ich, „lege deine Weisheit in meinen Kopf", worauf das Krabbeln zu drei harten Schlägen wurde, die Fastenhütte sich mit lavendelfarbenem Licht füllte und ich dann, wie ich glaube, in einen Trancezustand davongeglitten sein mochte. Ich kam zur Dunkelheit zurück, die auf mir drückte wie die Falten eines lebenden Umhanges, von dem ich spürte, daß er meine menschliche Hülle erdrücken könnte, also zündete ich die Pfeife an und rauchte sie und als ich fertig war, war die Morgendämmerung fast schon da.

Power Mans Frau warf den Türvorhang hoch. Sie winkte mir, herauszukommen. Ich tat es und betete zur Sonne als Gesandte des Großen Geistes. Dann suchte ich die Toilette auf. Als ich zurückkam, überreichte sie mir saubere Schwitzkleidung. Ich legte meine Fastendecke ab, zog mich um und wartete.

Plötzlich, hinter der Türöffnung, in dem blassen Licht der Dämmerung und des Feuers, erschien eine ehrfurchterweckende Prozession aus großen, verhüllten Gestalten in einer Reihe hintereinander und dahinter Helfer, die ihr Gerät trugen. Power Man befahl mir mit knappen Worten, zu folgen, mich an meinen Platz unter ihnen vor der Schwitzhütte zu begeben. Ich gehorchte äußerst selbstbewußt, besonders vor den Frauen, deren Blicke mein Gesicht nach Anzeichen abtasteten, ob ich gut oder schlecht fastete.

Wir gingen zum Schwitzen hinein, die drei Männer voran, dann ich, dann Power Mans Frau und danach die übrigen Leute eng gedrängt. Es war ein heißes, erschöpfendes Schwitzen. Wir erfuhren, daß einer der Männer fast versagt hatte, ein anderer nicht sicher war, ob er alles richtig gemacht hatte. Zwei von ihnen weinten. Der Mann neben mir war ruhig und gefaßt. Er wurde später ein Medizinmann, und ich habe oft seiner

Schwitzhütte beigewohnt. Zwischen Fastenden entsteht eine Verbindung, die das Leben lang erhalten bleibt.

Wir wurden aufgefordert, zu sprechen, auch ich, den Großvätern sowie denjenigen zu danken, die uns mit ihren Gebeten unterstützt hatten, und unsere Erlebnisse kurz zu schildern. Nach einer langen Stille sagte Power Man: „Die Großväter sagen, alles wurde richtig gemacht."

Es gab erleichtertes Schluchzen und Hei-ehs in der Runde. Das Schwitzen ging weiter. Ich hielt mich ganz gut bis zur letzten Runde, in der ich seitwärts in den Schoß von Power Mans Frau umfiel. Sie schob mich wieder hoch, stützte mich, sie war meine Familie, stand ‚hinter mir', damit ich das Wasser empfangen konnte, das den Fastenden feierlich gereicht wurde — mir zuerst. Sie murmelte mir zu, ein wenig zu trinken, nur ein wenig, und den Rest auf das Feuer zu schütten. Das Wasser wurde an die anderen weitergegeben, die dasselbe taten, aber mit Gebeten und Gesten, die ich auch hätte machen sollen. Dann die Pfeife und das lange Rauchen, das lange Warten, während alle Leute rauchten, dann wir vier Fastenden, dann Power Man, dann . . . hinaus in die Sonne, unter die Dusche, zum Auto, um frische Kleidung zu holen, und dann zu einem großen Mahl unter den Bäumen. Ich achtete darauf, nicht übermäßig zu essen, und später fuhr ich zu der Flußbiegung, um den Rest des Tages dort auszuruhen. Mir war sehr heiß, und meine Hülle war schwach und fieberig, aber ich war ruhig und zufrieden, mein erstes Fasten war überstanden.

Mein Tagebuch berichtet: „Heute abend war ein Pow Wow. Ich war teilweise dabei. Morgen mehr schwitzen und der dritte Abend mit Zeremonien. Dienstag sollte der letzte sein und dann Abreise, mit so vielem, was überlegt und ausgewertet werden will."

Wie immer gab es einen sofortigen Abfall nach jedem unsicheren Schritt nach oben. An meinem Lieblingsplatz am Fluß wurde ich von einem Indianer belästigt. Er fuhr in seinem Wagen heran und zuerst merkte ich nicht, was er wollte, ich war noch erfüllt von meinem Fasten und den heiligen Erlebnissen.

Ich ging auf den Wagen zu, denn er sprach so leise, daß ich ihn nicht verstehen konnte.

„Was gefangen?"

Ich sagte: „Nein. Ich habe nicht geangelt. Vielleicht andere."

„Wirst du nicht angeln?"

„Nein. Ich habe keine Rute."

„Brauchst du eine Rute?"

Und dann sagte mir sein Grinsen, worum es ihm ging.

„Wo kommst du her?" wollte er wissen.

„Vom Fasten", erwiderte ich, drehte mich um und ging fort.

Ich war wütend über meine eigene Naivität, aber ich bin klar und deutlich eine alte, weißhaarige Frau, was eigentlich Schutz genug sein sollte. Nach einer Weile rollte der Wagen langsam weg, und ich blieb enttäuscht und etwas verstört zurück. Dieser war kein ‚weißer Rüpel' gewesen. Ich hatte die Indianer zu sehr idealisiert, aber ihre Frauen gehen auch nicht alleine zum Flußufer.

Im darauffolgenden Jahr dachte ich viel über die Einweihung nach, über das Fasten und die Suche nach Visionen. Wie üblich bei einem solchen Werdegang ist es erst, nachdem wir einen neuen Weg eingeschlagen haben, daß uns die Bedeutung dessen deutlich wird, was bislang geschah und was wir jetzt tun. Als ich das erste Mal eine Schwitzhütte besuchte, betrat ich einen Pfad der Umwandlung. Mit der Absolvierung des ersten Fastens war ein Vorgang der weiteren Evolution eingeleitet worden. Langsam erkannte ich, daß ich mich auf Visionssuche begeben würde oder zumindest, daß ich einen physischen Schritt zur Vorbereitung darauf gemacht hatte und dem konkrete Form gab, was auf anderen Ebenen bereits existierte.

Das indianische Fasten überschreitet die Vorstellung von selbstbezogener Aufopferung. Man fastet nicht nur für sich selbst. Man fastet für die Familie, den Stamm, das Land, seine Welt. Instinktiv hatte ich nicht nur für mein eigenes Heil gefastet, sondern, so gut ich konnte, für alle Lebewesen. Mein erstes zweinächtiges Fasten war nur ein kleiner Schritt auf der

Schwelle des Fastens. Doch schon das, mit meiner ganzen Fähigkeit durchgeführt, brachte erweiterte Einsicht und zusätzliche Kraft der Pfeife. Später sollte ich noch größere Höhen und Tiefen des Erfahrens durchmachen.

# 19

Ein Jahr später begab ich mich wieder nach Wyoming, um ein dreinächtiges Fasten durchzuführen, ein wichtigeres und eindrucksvolleres Ereignis als das erste. Diesmal reiste ich mit drei Paiute-Freunden, mit denen ich seit meiner ersten Teilnahme an Tsaviayas Schwitzritual verbunden war. Es war ein Ehepaar und eine ältere Frau, eine ‚Stammesälteste'. Sie hatten versprochen, meine Familie zu sein und ‚hinter mir zu stehen'.

6. Juni 1971

Nach dem Abschiedsschwitzen gab mir Eagle Man letzte Anweisungen und eine kleine geschnitzte Figur eines betenden Mannes aus heiligem Pfeifenstein, die mich begleiten sollte, um als Verbindung zu ihm und der Schwitzhütte zu wirken. Wir brachen bei Sonnenaufgang auf und fuhren bis zum Einbruch der Nacht, mit Pausen, nur um zu essen und den Platz am Steuer zu wechseln. Bei einem Halt setzte sich eine Spottdrossel auf einen Zaunpfahl neben uns und ‚redete' mit Dringlichkeit auf uns ein. P. erinnerte daran, daß die Spottdrossel der Arapahosprache mächtig ist, was wir alle nicht waren und daher auch die Botschaft nicht begriffen, die sich aber offensichtlich um Interesse und Wohlwollen für uns drehte.

Wir schlugen unser Nachtlager an einem von Menschen angelegten See auf, in einer sehr weißen Gegend. Am nächsten Tag fuhren wir weiter und erreichten das Reservat nachmittags. Power Man, P. und andere errichteten unsere Hütte, und bald war unser Familienlager in vollem Gange. P. hob die Feuergrube aus, H. übernahm das Kochen, hängte Rehfleisch an Stangen zum Trocknen auf und holte ihre Körbe heraus, um Getreide vorzubereiten. Wir wollten ‚vom Land leben und indianisch essen', mit Ausnahme meiner Eingangsmahlzeit, einer Mischung aus weißen und roten Lebensmitteln, und meinem Mahl des Herauskommens, welches herrlich sein würde! Unsere Gruppe, das ‚kalifornische Kontingent', war entschlossen, zu glänzen. Ich bezahlte die Lebensmittel, H. und L. bereiteten sie zu, und P. hütete das Feuer.

Es wurde nichts verteilt außer meiner Fastendecke und den Geschenken für Power Man und seine Familie. Ich weiß nicht, warum das so war, aber die Auslagen für das Essen waren groß, und vielleicht meinte man, das genügte. Meine Fastenhütte stand bereits, diesmal etwas weiter entfernt, passender für ein dreinächtiges Fasten.

Heute abend, als wir in unserer Hütte saßen, die mit bunten aufgehängten Tüchern, Steppdecken und Teppichen festlich geschmückt war, kamen Leute, um uns zu besuchen, mir die Hand zu schütteln und Gutes zu wünschen. Einige kannte ich noch von meinem vorherigen Besuch hier, andere waren mir fremd. Eine junge Mutter und ich unterhielten uns in einer Ecke, als aus ihrem Lager der Ruf ertönte: „Zeit, das Baby schlafen zu legen!" Sie rief zurück: „Hol den Salbei raus!" und nach einigen weiteren Worten erhob sie sich und ging fort, um ihr Baby zu ‚rauchsegnen', bevor es für die Nacht zu Bett gebracht wurde. Indianerbabys, deren Eltern auf traditionelle Weise leben, werden beim Aufwachen und als letztes vor dem Einschlafen mit dem heiligen Rauch von Salbei, Süßgras oder anderen aromatischen Pflanzen gesegnet oder ‚befächelt'. Ich wünschte, alle würden das tun.

Dienstag, 8. Juni

Ein langer, heißer, ermüdender Tag, an dem hauptsächlich gequatscht wurde, und ich hatte mir Schwitzen und geistige Dinge gewünscht, aber es ist immer so und gehört irgendwie dazu, woran ich mich hätte erinnern sollen. Andere Dinge sind gut — der Ort, der Himmel, der weite Horizont, der nicht wie bei uns durch Berge eingeengt ist, und das Lager. Ich mußte mir selbst immer wieder vergegenwärtigen, daß ich mit drei Paiuten zusammen campierte, die mich als eine der Ihren betrachteten, daß ich langsam darauf vorbereitet wurde, ein dreinächtiges Fasten nach Art der Arapaho durchzustehen. Ich war überzeugt, daß dieses Fasten eine Aufwärtswende für mich sein würde.

Mittwoch, 9. Juni

Erwachte zu sanftem Paiute-Gelächter und Vorbereitungen für das Frühstück . Später sah ich zu, wie H. drei Präriehunde (eine Art Murmeltier) zubereitete und für das Abendessen briet. Ich wagte es nicht, mich zu genau zu erkundigen oder den Inhalt des großen Kessels zu studieren, sondern aß dankbar das, was mir vorgesetzt wurde. L. kam regelmäßig und bestand darauf, daß ich becherweise Tomatensaft trank. „Macht dich weniger durstig, wenn du hineingehst", sagte sie. Wir lachten und scherzten miteinander.

Heute abend das erste Schwitzritual. Kanadische Indianer sind aus Britisch-Kolumbien eingetroffen. Die beiden Kanadier benutzen ihre Pfeifen, die aus schwarzem Pfeifenstein sind, anders als wir. Das Schwitzen lief für mich sehr gut ab. Großvater Adler war gekommen. Das große Essen später war ziemlich belastet. Es gab feindselige Schwingungen, die besonders von den Kanadiern ausgingen, denn sie sind politisierte Indianer und hassen die Weißen. Power Mans Frau machte sich besondere Mühe, ihnen zu erklären, daß ich fasten würde, bereits gefastet hatte und eine Pfeife besaß, aber es nutzte wenig. Ich bedauerte es, für sie etwas Peinliches zu sein. Das Gefühl, anders zu sein und von der Gesellschaft abgelehnt zu werden, scheint ein Teil des Fastens zu sein.

Donnerstag, 10. Juni

Ich erwachte heute früh um vier Uhr und rauchte meine Pfeife, während das Lager schlief. Der Rauch zog durch ein kleines Luftloch im Dach hoch. Hätte es jemand gesehen, so hätte er wohl gedacht, daß es bei mir brennt. Morgen gehe ich ‚hinein'. Heute abend gehen S. und O. hinein. Ihre Familien sind mit dem Kochen der Mahlzeit des Hineingehens beschäftigt, und zwischen den Lagern finden viele Besuche statt. L. sagte, ich müßte auch zu den Lagern hingehen. Die Kanadier könnte ich vielleicht auslassen, muß aber S. und O. alles Gute wünschen und einige andere besuchen. Ich machte es so, gefaßt auf unverhüllte Unlust, meine Wünsche entgegenzunehmen, und recht feindselige Schwingungen.

Später begleiteten wir die beiden Männer in stiller Prozession über die Felder. Sie wurden rituell eingeschlossen und gesegnet, wir berührten die Türpfosten und sangen. Dann überließen wir sie ihren Prüfungen und gingen zurück. Einige der Leute hatten das ‚Einschließen' noch nie miterlebt. Ich hatte es einmal, aber es war hier so eigen und beeindruckend, als hätte ich es noch nie erlebt. So wurde es vor Jahrhunderten, vielleicht Jahrtausenden getan und so, für einige wenige, wird es heute noch gemacht.

Freitag, 11. Juni

Heute war ich an der Reihe. Erst kam das Schwitzen, dann die letzte Mahlzeit, die L. und H. den ganzen Tag vorbereitet hatten. Sie haben uns alle Ehre gemacht! Sogar die kanadischen Indianer waren beeindruckt, und die nette Frau von einem von ihnen sagte: „Was für eine herrliche Tafel!"

Nach der Mahlzeit saßen wir etwas angespannt herum, und ich war bereit, eingeschlossen zu werden, als auf einmal Erregung und Unruhe aufkam. S. schaffte es nicht. Nach einer Nacht waren seine Schmerzen zu groß und er mußte herausgenommen werden. Tatsächlich war er bereits aus der Fastenhütte ausgebrochen. Also wurde ich verschoben, während sie gingen, um ihn zu holen. Der arme Mann, es ist besser, nicht zuviel auf sich zu nehmen, und wenn man unter starken Medikamenten steht, was sich bei ihm herausstellte, sollte man dies überhaupt nicht versuchen.

Schließlich wurde ich mit allen Formalitäten ‚eingeschlossen', mit einer Prozession und Gesang. Alle drückten mir die Hand und wünschten mir Gutes. Power Man rauchsegnete mich und die Fastenhütte, sprach sein Arapaho-Gebet des Einschließens, und dann wurde ich in der Dunkelheit der ersten Nacht allein gelassen.

Es war nicht wie in der ersten Nacht meines vorherigen Fastens. Mir war nicht nach Weinen zumute. Es war eine zweite symbolische Reise auf eine höhere, klarere Ebene, durch ruhigere Regionen der inneren Welten.

Auf dieser Ebene war es eine Prüfung des Durchstehvermögens, des Vertrauens und des Vorsatzes. Ich saß aufrecht auf dem unebenen Schilf, laut betend, und statt mich zu bemühen, das Ego der gegenwärtigen Ebene zu verbannen, ‚sprach' ich zu Wakan Tanka, zu den Großvätern, bewußt der Zuhörer außerhalb der Fastenhütte und der verhüllten Gestalten drinnen, die in einem Kreis um mich herum waren. Einmal nickte mein Kopf nach vorn über die Pfeife, und ich begann zu dösen, als eine Hand auf meine Wange klatschte. Ich entschuldigte mich bei den Großvätern und bei diesem Schutzgeist, und danach hielt ich meine Augen offen in der Finsternis im Kampf gegen den Schlaf. Hunger und Durst waren noch nicht zu Problemen geworden.

Ich fühlte mich im Dienst, ein Wachposten, aber nicht Vaughans Posten auf Wache vor den Toren einer Himmlischen Stadt.

Meine Seele, es gibt ein Land
Weit hinter den Sternen,
Wo ein geflügelter Wachposten steht,
Völlig fähig in den Kriegen.
Henry Vaughan, *Frieden*

Dieser Geflügelte konnte ich nicht sein. Hier in dieser kleinen erdrückenden Hütte konnte ich nicht stehen, noch mit den Augen sehen. Ich konnte nur geduckt hocken, war eingeschlossen und mein Bewußtsein für andere Sinneswahrnehmungen war geschärft. Ich war ein Posten im Niemandsland, für die Verirrten, die Einsamen, für diejenigen, die glauben, sie stolpern durch ewige Nacht.

Stimmen derer, die mir vorangegangen waren, durchliefen mein Gehirn:

„Halte Ausschau . . ."

„Sei wachsam . . ."

„Großvater, betrachte mich. Ich bringe dir diese Opfer, damit mein Volk leben möge."

„Wir, die wir alle Menschen vertreten, opfern uns Dir, damit wir leben mögen."

„Wakan Tanka hilft denen, die reinen Herzens zu ihm rufen."

Ruhige Klarheit schien eine Qualität dieser ersten Nacht des zweiten Fastens zu sein, aber der primäre Auftrag war Wachsamkeit.

„Schon wenig kann alles umstürzen und zerstören. Bleib wachsam!"

„Es ist keine Kleinigkeit, die dir anvertraut ist. Bleib wachsam!"

Die Stimmen verstummten. Die Störungen der niederen Geistesebene verließen mich. Ich versank oder stieg tiefer in die Stille, aber immer noch war es eine sprechende Stille mit leiser, weit entfernter Verständigung in einer vergessenen Sprache. Ich bemühte mich, zu hören, zu verstehen . . .

Alles ist Rhythmus, alles ist Licht. Wir können im Takt sehen, wir können hören durch LICHT.

Rauche jetzt die Pfeife.

Ich tat es, und danach saß ich leer, wartend, wartend, bis kurz vor Sonnenaufgang Vögel zu singen begannen, Lerchen und andere, und ich wußte, daß die Nacht vorbei war.

Es folgte ein langer, harter Tag. Der Durst beschäftigte mich zunehmend, bis ich mich daran erinnerte, daß ich den Bächen, die ich kannte und liebte, Wasser entziehen konnte, auch daß meine ‚Familie' für mich trinken würde. In der Abenddämmerung kam Power Man mit einem Gehilfen. Sie knieten schweigend vor der Tür, dann trat Power Man ein und rauchsegnete mich besonders intensiv. Er stopfte die Pfeife, segnete sie und die Hütte, ging hinaus und versiegelte den Türvorhang in einer längeren Zeremonie. Die zweite Nacht des Fastens begann.

Die Dunkelheit war diesmal anders, völlig schwarz und doch lichter in ihrer Essenz, nicht so beklemmend. Die Wände der Hütte schienen sich in einem Kreis von lavendelfarbenem Licht, den ich nicht durchblicken konnte, auszudehnen. Plötzlich ertönte ein gewaltiger Krach bei dem Türvorhang und ein Donnern auf dem Erdboden, gleich dem Eintreten von Großvater Büffel bei Zeremonien. Der Lichtring wurde schwarz, aber die Wände zogen sich nicht wieder zusammen. Die Hütte war mit Gewißheit größer, und mir gegenüber befand sich ein massiges Wesen.

Ich beugte meinen Kopf und sprach Es laut an, erklärte erneut die Gründe, aus denen heraus ich fastete. Ich wollte eine heilende Pfeifenfrau sein, und ich tat es auch für Tsaviaya, seine Schwitzhütte und sein Volk. Dann wartete ich, und mein ganzes Wesen, jede Zelle und jedes Atom, wurden einer genauen Überprüfung unterzogen.

Als mein Blut mich wieder durchpulste und ich meine Schreckensstarrheit behutsam entspannen konnte, wußte ich, daß diese Prüfung ausgestanden war. Die Beurteilung, was immer sie ergeben mochte, war vorbei, der Befund, wie er auch lautete, war verkündet. Später würde ich lernen, was ich wissen sollte. Für den jetzigen Augenblick konnte ich mich nur an der Aufrichtigkeit meiner Absichten festhalten und an der vollkommenen Gerechtigkeit der Großväter.

Dies war erst die zweite Nacht meines zweiten Fastens. Weitere und tiefere Prüfungen müßten noch bevorstehen. Würde ich ihnen gewachsen sein?

„Befasse dich nur mit dem Jetzt“, sagte eine tiefe Stimme. „Jetzt ist es Zeit für dich, deine Pfeife zu rauchen.“

Diesmal brauchte ich zwei Streichhölzer und einen Augenblick flackerte das zweite bedenklich. Ich bat die Feuergeister um Hilfe und die Flamme wurde groß, der Tabak zündete trotz unsicherem Ziehen, das dann aber ruhig und regelmäßig wurde. Ich rauchte für die ineinandergreifende Abhängigkeit aller erschaffenen Dinge, die Bereitschaft der Naturgeister und anderer Kräfte, uns zur Hilfe zu kommen, und unsere Verpflichtung, entsprechend zu reagieren.

Nach der Pfeife versank ich in Meditation. Ich war erschöpft. Mir wurde ein überwältigendes Bedürfnis nach Unterstützung, nach Nahrung, nach Flüssigkeit, nach Schlaf bewußt. „Ich bin ausgelaugt", flüsterte ich, „bin runter bis zum letzten Atom meines Durchstehvermögens."

„Du kannst es schaffen, du kannst es schaffen", trieb mich ein Chor kleiner Stimmen um mich herum an. Es klang wie Kinder oder die Kleinen Männer der Berge. „Nein, ich kann es nicht", sagte ich. Dann hörte ich, wie mein Vater, der teils indianischer Abstammung gewesen war, von seinem Platz in der Geisterwelt aus darauf bestand: „Es gibt keinen anderen Weg, als bis zum Ende durchzuhalten." Und dann wieder andere Stimmen: „Wir verlassen uns auf dich. Es geht nicht nur um dich. Es ist wichtiger, als du denkst."

Ich rief alle Außenposten von mir selbst zusammen, sammelte mich in meinem Zentrum und dann, glaube ich, entschwand ich in einem Trancezustand. Als Nächstes nahm ich wahr, daß der Türvorhang hochgeklappt war und Power Man mich ernsthaft ansah. Ich versuchte, zu lächeln, vorwärts zu kriechen — einige Momente lang schaffte ich es nicht. Dann strengte ich mich mit aller Kraft an, erreichte die Tür und stellte mich mühsam aufrecht, um meine Arme dem Sonnenaufgang entgegen zu heben.

Sonntag, 13. Juni

Ein sehr, sehr langer Tag. Der schlimmste Teil wurde durch das Schwitzen unterbrochen, dessen Vorgang ich mithören konnte, mit dem Gesang von C.'s tiefer Stimme. Alsbald kamen Power Man, L. und C. zur Türöffnung. Power Man kam herein und saß lange ohne zu sprechen da, während die anderen draußen knieten. Ich wußte, daß er die Geister befragte, ob ich integer war und ob ich es schaffen würde. Dann befahl er mir, den vorgehaltenen Rauch tief einzuatmen. Es war das vertraute Süßgras, ein Büschel, wie sie es anwenden, um Nahrung und Power Man selber zu segnen, wenn er in seiner türkisen Decke in den Zeremonien liegt. Ich atmete so tief ein, wie ich konnte. Er sprach sein Arapaho-Gebet, dann schloß er mich für die letzte lange Nacht ein.

Es begann zu regnen, ein Wolkenbruch ergoß sich auf die Hütte. Kälte und Feuchtigkeit nahmen rasch zu. Aber es gab keine totale Finsternis in dieser dritten Nacht des zweiten Fastens. Draußen war schwarze Nacht, drinnen ein mattes Glimmen in der Luft, hinter dem sich die Wände der Hütte unbegrenzt ausbreiteten und mit ihnen die Platzangst zurückging, die ich fürchtete.

Ich machte die Augen zu und zählte bis zwanzig. Als ich sie wieder öffnete, war das Leuchten noch immer da, und nun schien sich ein Amphitheater von der Mitte her auszubreiten, wo in einer Schwitzhütte das Feuer sein würde, und es wurde stufenweise höher bis dorthin, wo ich saß, denn ich befand mich hoch über dem Platz, an dem mein Körper auf dem Schilf saß. Nun waren Gesichter und Miniaturfiguren unter mir aufgereiht, die größer wurden, bis sie lebensgroß den hohen Ring um mich besetzten. Ich konnte sie nicht klar erkennen, denn sie veränderten sich, wenn ich hinsah, mal Indianer, mal Weiße, mal pulsierende schattenartige nichtmenschliche Gesichter, einige lächelnd, die meisten sehr ernst.

Auf dem Boden der Arena — es war wie durch das falsche Ende eines Fernrohrs zu schauen — formten sich Symbole. Zuerst das große Medizinfeuer, dann, im Herzen der Flammen, das Gleichgewicht der Vier Großen Richtungen; dann drei Kreise um den zentralen Feuerkreis gebildet, einer war weiß, einer grün und einer war gelb.

Sie verblaßten. Das Amphitheater schrumpfte und verschwand. Das perlenfarbige glimmende Licht wurde Dunkelheit. Ich war wieder auf dem Schilf und hielt meine Pfeife fest. Nun wirkte die feuchte Kälte auf mich. Ich zitterte. Die Wände der kleinen, beengenden Fastenhütte bebten und flatterten unter heftigen Böen mit Regen und Wind. Ich tastete nach den beiden Streichhölzern, entzündete die Pfeife und betete zu den Großvätern, bat um Beständigkeit und Verständnis der Dinge, die ich gesehen hatte. Dann saß ich wie betäubt da und erwartete die Dämmerung.

Montag, 14. Juni

Kam heute triumphierend heraus und empfing eine wunderbare Botschaft beim Schwitzritual. „Mach weiter wie bisher, wende deine Pfeife so an wie bis jetzt, und du wirst Dinge erhalten." Alle meine Gebete des Fastens waren erhört worden. Ich fühlte mich sehr schwach, aber durch und durch von Freude erfüllt.

## 20

Donnerstag, 17. Juni

Drei der Kanadier haben angefragt, ob sie zwei Nächte lang fasten und mit O. zusammen herauskommen dürften. Also brachten wir sie ‚hinein' in ihre Fastenhütten, mit derselben Prozession über sternenerleuchtete Felder auf der nun vertrauten, aber immer noch fremdartigen Reise unter dem Sternenhimmel, bei dem Gesang der Lerchen. Wir brachten sie mit Gesang und Gebeten in ihre Hütten. Unterwegs mußten wir einen tiefen, schlammigen Graben voll rauschendem Wasser überspringen, alle in der festgelegten Reihenfolge, ob alt oder jung.

Für mich ist die Schwitzhütte immer etwas tiefgehend Richtiges und Bewegendes. Auch richtig und bewegend war das Schwitzen für die Kanadier, vier Runden ohne Öffnungen, in deren Verlauf jeder von ihnen von der kommenden Prüfung sprach und das angab, wofür er fastete: Das Antreten eines neuen Lebens, die Ablehnung von Bösem und ähnlichem. Die Worte des Jüngsten waren eindringlich. Er beschrieb sich als einsamen Mann, der sich nicht erfolgreich anpassen konnte, und er sei dankbar für das freundliche Lächeln, das ihm hier begegnet war. Ich dachte mir: „Du und wieviele andere, mein Bruder!" Da waren wir also, aus den entferntesten Enden der Erde zusammengesucht, denn auch sie hatten andere Kontinente bereist und dort gewohnt. Und jetzt saßen wir hier, jeder an seinem Platz.

Ich war in der zweiten Reihe vorne, meine Seite nahe den brennenden Steinen, vor mir Power Man. Seit der Absolvierung meines Fastens spürte ich neue Kraft und Würde durch mich fließen, wie auch eine neue Fähigkeit, zu segnen.

Freitag, 18. Juni

Erwachte mit der Sonne und rauchte für die Fastenden. Dann begann der Alltag des kleinen Lagers. H. machte mit seinen starken, geschickten Händen in einem eisernen Kessel über offenem Feuer Indianerbrot, wendete den Teig beiläufig und erzählte dabei dauernd. Power Mans Frau kam, um Kleingeld zu borgen, damit die Kinder in die Stadt fahren konnten. Es war sehr heiß. Vor einer Woche fand der Beginn meines Fastens statt.

Samstag, 19. Juni
Ich erwachte vor Sonnenaufgang, rauchte meine Pfeife und stellte den kleinen Steinmann auf, um mit ihm zu beten. Zum Sonnenaufgang begab ich mich zu den anderen ans Lagerfeuer, um die Herauslassung der vier Fastenden zu erwarten. Bald kamen sie über die Felder, und wir gingen alle in die Schwitzhütte. Es war ein langes, heißes Schwitzen mit vier Pfeifen. Ich war erschöpft, hatte wieder im vorderen Kreis gesessen, fast auf den Steinen.

Uns wurde mitgeteilt, daß der ältere Mann, ein Schriftsteller, von den Großvätern akzeptiert worden war und zum Medizinmann, zum Heiler, ausgebildet werden sollte. Zu Beginn des nächsten Jahres würde man ihm sagen, wie er sich vorzubereiten hätte. Er weinte. Den anderen wurde gesagt, daß sie es gut gemacht hatten und daß ihre Gebete erhört würden.

Nach dem Frühstück ruhte ich im Lager. Power Man brachte mir einiges an Post. Nicht jedem wird seine Post von einem Arapaho-Medizinmann zugestellt! Ich hatte diese Chance, mit ihm zu sprechen, aber wie üblich konnte ich mich nicht völlig öffnen, obwohl ich es wollte. Jahrelange dumme Hemmungen, aber außerdem hatte ich immer das Gefühl, daß er hinter seinem sanften Lächeln sowieso alles weiß und noch viel mehr.

Sonntag, 20. Juni
Kein Schwitzen heute, dafür ein Pow Wow heute abend, dem

wir beiwohnten. Ich hatte Zweifel, ob ich fotografieren sollte, aber Power Mans Frau meinte, ich sollte es für sie alle. Hier und da, wenn ich versuchte, einen einzelnen Mann mit einem besonders ausdrucksvollen Gesicht abzulichten, versagte das Blitzlicht. Ein Grund dafür war nicht erkennbar, und ich nahm an, daß derjenige einfach nicht fotografiert werden wollte. Dasselbe war mir mit Power Mans Frau am Tag zuvor passiert. Auch manchmal in der Vergangenheit, wenn ich nicht fotografiert werden wollte, verklemmten sich plötzlich Kameras, Filme wurden auf rätselhafte Weise dem Licht ausgesetzt oder Rollen davon gingen ‚verloren'. Es ist interessant, erfüllt mich aber mit Unbehagen. Ich glaube, dies hätte eine Prüfung sein können und daß ich ihr hätte widerstehen sollen oder mich weigern. (Später stellte sich heraus, daß ich recht hatte, die Bilder wurden allesamt nichts.)

Montag, 21. Juni

Schwitzen heute früh. Zeremonien heute abend. Nur einen Abend lang, an dem die Geheilten und besonders diejenigen, die gefastet hatten, überprüft wurden. Als ich meine Fahne präsentierte, wurde gefragt:

„Was willst du?"

„Das, wofür ich gefastet habe", antwortete ich, und mir wurde das gesagt, was ich bereits im Schwitzen gehört hatte. „Deine Gebete, was du geschworen und wofür du gefastet hast, alles wird erhört."

Bei den Zeremonien wurde uns wieder gesagt, daß die Fasten gut gewesen waren, und es wurde uns gedankt, daß wir gefastet hatten. Wir wurden ausführlich besprochen, und uns wurde auch gesagt, daß die Gruppe aus Kalifornien einen großen Segen mit nach Hause nehmen würde.

Bis Tagesmitte hatten wir unser Lager abgebaut und verpackt. Ich wäre gerne noch einige Tage geblieben, aber meine Paiute-Familie mußte nach Hause. Das Lager verschwand spurlos, langsam, effizient und vollständig. Die Feuergrube wurde aufgefüllt, die Stangen weggetragen, das Zelttuch gefaltet und verstaut. Niemand hätte erkennen können, daß jemand hier eine Pause gemacht hatte, geschweige mit einer Vielfalt von Aktivitäten zwei Wochen lang hier gewohnt hatte. Ich erinnere mich daran, daß mir einmal ein Micmac in Nova Scotia gesagt hatte, daß ein wohlerzogener Indianer durch den Wald und das Leben zieht, ohne eine Spur zu hinterlassen. Wir taten genau das, damit ein anderer heute, morgen oder irgendwann hier campieren konnte wie auf unberührtem Land, vielleicht um sich wie ich auf ein Fasten vorzubereiten.

Dienstag, 22. Juni

Heute früh gegen fünf Uhr begaben wir uns auf unsere lange, heiße Reise. Wir überquerten die Salzebenen zur heißesten Tageszeit, wie ich befürchtet hatte, und erreichten endlich eine höherliegende, kühlere Gegend.

Ich fastete noch zwei weitere Male, ein zweinächtiges Fasten im Jahr darauf in Kalifornien, in einem Reservat in der Nähe von Tsaviayas Schwitzhütte und unter der Fürsorge des Mannes, neben dem ich bei meinem ersten Fasten gesessen hatte. Er war nun Medizinmann und hatte eine eigene Schwitzhütte, der ich seit ihrer Errichtung regelmäßig beiwohnte. Ich nenne ihn Eagle Man, denn er entstammte dem Adler-Klan und beschritt den Weg des Adlers. Anders als Tsaviaya, der dem Arapaho-Weg des Großvaters Büffel folgte, behielt Eagle Man den Paiute-Weg seines Heimattals bei. Ich nahm seit drei Jahren an seiner Schwitzhütte teil.

Viele der Indianer, die zu Tsaviayas Schwitzhütte hielten und zu den Zeremonien kamen, wenn Power Man da war, um sie zu leiten, nahmen auch an Eagle Mans Schwitzritualen teil. Andere gingen nur dort hin. Die Handhabungen unterschieden sich in gewisser Weise von einander, die Geister, die dazu kamen, waren auch andere, obwohl Großvater Büffel und andere Arapaho-Geister auch erschienen, aber mehr als Vertreter der regionalen Kräfte.

Die meisten meiner Indianerfreunde nahmen an Eagle Mans Schwitzen teil, so auch die Paiute-Familie, die bei meiner dreinächtigen Faste ‚hinter mir' gestanden hatte. Diesmal würde ich ein besonderes zweinächtiges Fasten vornehmen. Für die Schwitzhütte und für einen Sonderauftrag, den ich im Osten auszuführen hatte.

Sonntag, 27. August
Schwitzen. Ich weihte mich dem Fasten und erklärte, wofür ich fastete. Wettermäßig war es ein seltsamer, abwartender Tag, der eine Vorahnung von Erdbeben in sich barg, und im Süden geschah tatsächlich ein kleineres. Eagle Man sagte, ich würde auf dem Berg neben den Männern fasten. Ich fand eine vollkommen erhaltene Pfeilspitze aus Obsidian, klein und nach dem Vogelmotiv geformt.

Montag, 28. August
Beim üblichen Gang über die Felder heute sah ich, wie sich langsam ein Regenbogen bildete, bis er vollständig war. Er spannte sich über die Berge, zu der Schwitzhütte und dann dorthin, wo ich wohne. Ich hielt es für ein Omen. Ein sanfter Regen berieselte mich beim Gehen. Regen ist in dieser Wüste ein besonderer Segen. Die Indianer sagen, Regen ist ein neuer Anfang.

Donnerstag, 31. August
Eagle Man hat es sich anders überlegt. Ich werde fasten, aber nicht auf dem Berg bei den anderen, sondern, weil ich eine Frau bin, in der Schwitzhütte. Ich bin enttäuscht.

Freitag, 1. September
Es wurde von Eagle Man beschlossen und heute beim Schwitzen verkündet, daß wir diese Schwitzhütte abreißen und eine neue auf neuem Boden errichten würden. Ich wollte für die Existenz dieser fasten, und nun werde ich die letzte Nacht darin verbringen — merkwürdig. Als wir aßen, sagte ich L., daß ich enttäuscht war, nicht auf dem Berg sein zu dürfen, denn ich wollte die Sterne sehen. Sie sagte: „Da drinnen wirst

du eine Menge Sterne sehen."

Während des Schwitzens mußten wir wie üblich erklären, wofür wir fasteten. Ich sagte: „Für einen Segen auf die Schwitzhütte und für Eagle Man und das Volk und für größere Harmonie."

Reibung zwischen Indianern und Weißen wurde angeheizt. H. und R. haben sich davon mitreißen lassen, R. sogar sehr schlimm. Dies schuf eine schlechte Atmosphäre vor dem Beginn, aber sobald ich eingeschlossen war und anfing, zu den Großvätern zu ‚sprechen', wußte ich, daß dieses Fasten richtig war und was ich tun sollte. Es gab viel Schönes daran, dieser sanfte, gute Mann P., der die Pfeife für mich stopfte und half, mich ‚hineinzutun', und all die Freunde, die gekommen waren, um mich zu segnen und meinen Einschluß mitzuerleben.

Weil dies ein besonderes Fasten war, wurde nichts verschenkt, nichts Materielles, aber in den zwei Jahren seit meinem ersten Fasten hatte ich mehr über das echte Verschenken gelernt. Wie Hyemeyohsts Storm in dem Werk *Sieben Pfeile* hervorhebt: „Alle Dinge des Rades des Universums haben Geist und Leben, auch die Flüsse, Felsen, Erde, Himmel, Pflanzen und Tiere. Aber es ist von allen Wesen des Rades nur der Mensch, der selbst bestimmen kann. Unser entscheidender Geist kann nur durch das Erlernen unserer Harmonie mit allen unseren Brüdern und Schwestern, mit allen anderen Geistern des Universums ganz werden. Um dies zu vollbringen, müssen wir lernen, zu suchen und wahrzunehmen. Wir müssen dies tun, um unseren Platz innerhalb des Medizinrades zu finden. Um diesen Platz festzustellen, müssen wir lernen, zu verschenken."

An einer weiteren Stelle im Text steht dieser Dialog:

„Du mußt die Menschen finden und ihnen diese Gabe des Verstehens anbieten, die du jetzt in dir selbst erkennst", hören wir den alten Mann sagen.

„Aber was sind diese Gaben?" hören wir das kleine Mädchen sagen.

„Es ist das Verstehen, das du in dir selbst wahrnimmst und

das du an die Menschen verschenken mußt, damit auch sie empfangen können. Dann werden sie nicht länger nach den Wegen des Lernens hungern“, sagte der alte Mann.

Mit diesen Gedanken betrat ich die Schwitzhütte, die meine Fastenhütte sein würde, um von Eagle Man eingeschlossen zu werden. Er rauchsegnete mich gründlich mit P.'s Hilfe, überreichte mir die Pfeife und ging hinaus, um den Türvorhang rituell mit Blättern und Zweigen zu schließen.

Ich setzte mich auf das Schilf, gesammelt und zu den Großvätern hoch aufgerichtet, ‚sprach‘ von den Gründen für das Fasten, die neu aufgetretene Zwietracht zu heilen, was wichtiger war als mein Auftrag im Osten. Nachdem ich damit fertig war, sang ich. Dann saß ich still und wartete. Der Wind setzte plötzlich ein. Er wehte so stark, daß ich dachte, Böen von Orkanstärke würden hereinfegen. Die Wände der Hütte blähten sich nach außen und wurden wieder hineingedrückt. Das Weidengerüst der Hütte stöhnte und quietschte. Der Lärm war tobend lebendig. Jetzt war es schwarze, beängstigende Nacht hier drinnen, einsam, rauh und hart.

Ich saß, soweit ich konnte, von den knallenden Wänden entfernt, hielt die Pfeife fest und bat die Großväter um Schutz, betete für das Fasten und den Mut, es richtig durchzuführen. Wachbleiben war überhaupt keine Schwierigkeit! Es ging eher darum, in dieser gefährdeten Hütte das zu überleben, was draußen möglicherweise ein Tornado war. Ich redete mir ein, daß ich keine Angst hatte, höchstens hier und da etwas besorgt war. Wenn dies aber mein erstes Erlebnis bei einem Fasten gewesen wäre, hätte mich vielleicht Entsetzen gepackt. Ich wäre eventuell versucht gewesen, auszubrechen und Schutz zu suchen. Ich fragte mich, ob Eagle Man das von mir erwartete. Ich dachte an die anderen auf dem Berg, und wie es ihnen in ihren noch labileren Hütten ergehen mochte. Wir alle hatten Prüfungen erwartet, aber nicht Gefahren von dieser Ebene, nicht von einem Wirbelsturm.

Ich war davon beunruhigt, daß es weder Lichter noch andere Anzeichen der Großväter gab. Ich fühlte mich niedergeschlagen, daß keine Geister hereinkamen. Ich versuchte mich zu überzeugen, daß sie wegen des Sturms nicht kommen konnten, aber das war Unsinn. Ich überlegte, ob sie mich ablehnten und verlassen hatten, wie es Eagle Man und P. und alle anderen anscheinend getan hatten. Sicherlich würde niemand diesen Sturm durchschlafen können. Warum kam denn niemand, um nach mir zu sehen? Aber es erschien keiner, und nach einer Weile ließ der Wind nach, und es gab nur noch stark strömenden Regen.

Endlich dämmerte der Morgen, und Eagle Man war da, um mich zu befreien. Irgendwie erwartete ich eine Nachfrage in bezug auf die Nacht, aber niemand brach das rituelle Schweigen, und als ich hinaustrat, um die Sonne zu begrüßen, waren keine Schäden sichtbar. Sogar der Boden war nach dem schweren Regen wieder getrocknet.

Später erfuhr ich, daß die Nacht außergewöhnlich still und ruhig verlaufen war, kein Windhauch hatte sich im Tal oder auf dem Berg bewegt. Es hatte auch nicht geregnet.

Samstag, 2. September

Nach einem langen, heißen, verzweifelten und unbequemen Tag, begegnete ich dem Abend ermüdet und mit etwas Furcht vor einer weiteren Nacht voller Gewalt und Finsternis. Als ich aber eingeschlossen war, entdeckte ich ein Licht, eine Art sanften Schimmer mit seitlich erscheinenden leuchtenden Blitzen. Ich war erleichtert und dankbar.

Nachdem ich gebetet hatte, sagte eine Stimme: „Du darfst dich auf dem Schilf hinlegen, wenn du nicht einschläfst." Ich nahm die Pfeife in die Beuge meines Armes und legte mich auf den Rücken. Plötzlich verschwand das Dach der Schwitzhütte, und ich sah einen ganzen Himmel voller bewegter Lichter, Sterne und blitzende Linien und Spiralen.

Ich lag im Bewußtsein dessen, wo ich war, mit offenen Augen. Wenn ich sie schloß, erlosch der Anblick, wie normal. Öffnete ich sie wieder, so war der ganze Himmel wieder da. Blickte ich nach rechts oder links, so verschwand der Teil der

Hütte und ich sah die Lichter und Sterne. Es war eine liebliche und gütige Art von Himmel. Die Sterne waren herrlicher, als unsere es sind, denn sie waren in Bewegung. Sie schienen zu tanzen. Auch dachte ich, daß sie lachten.

Es hielt eine lange Zeit an, während ich dalag, zufrieden zuschauend und dankbar, diesen neuen Teil des Universums sehen zu dürfen, durch den unser Planet schweben mußte, es sei denn, daß dies unsere Sterne waren in einer anderen, leichteren Dimension. Dann schloß sich die Hütte wieder, um sich in unregelmäßigen Momenten zu öffnen und mir unheimlich wirkende Landschaften sichtbar zu machen, von denen ich keine lange genug sah, als daß ich sie hätte verstehen oder erkennen können. Dann waren da Gesichter. Als sie beängstigend wurden, packte ich die Pfeife und begann, inbrünstig zu beten, und sie verschwanden. Ich verbrachte den Rest der Nacht sehr bewußt und wach, nicht müde und sehr glücklich.

Sonntag, 3. September

Die lange Nacht nahm ein Ende. Ich wurde befreit und trat in eine erfrischende, schwarze Nacht hinaus, um Mond und Sternen zu begegnen. Kurz danach kam das Schwitzen in dem, was meine Fastenhütte gewesen war. Wir mußten alle unsere Erlebnisse schildern. Nachdem die beiden Männer gesprochen hatten, versuchte ich meine Nacht zu beschreiben. L. sah eine Öffnung über meinem Kopf. Ich sah etwas anderes Merkwürdiges, der Boden der Schwitzhütte war plötzlich muschelförmig und bog sich rundherum hoch wie eine Arena, während das Feuer sein Ausmaß erheblich verringerte. Ich fragte mich, ob ich ein neues Sehen entwickelte und ob dies nur beim Schwitzen und Fasten eintreten würde oder auch zu anderen Zeiten.

Nach dem Schwitzen sprachen die Feindseligen von einer Parade und anderen weltlichen Dingen, aber R. und einige andere freuten sich wirklich für mich. R. sagte: „Jetzt hat es sich für dich geöffnet. Es dauerte nicht lange (acht Jahre), jetzt bist du wirklich Indianerin." L. sagte: „Hab' ich dir nicht gesagt, du würdest eine Menge Sterne sehen?“ Auch andere gratulierten mir.

Ich aß und trank. Ermüdet, aber nicht erschöpft, fuhr ich nach Hause.

## 21

Etwa zwei Wochen vor meinem viernächtigen Fasten besuchte ich Eagle Man mit einem Problem. Über eine lange Zeit hinweg hatte ich ab und zu etwas Merkwürdiges erlebt. Es begann auf dem Berg, wenn ich die Pfeife rauchte. Ein plötzlicher Schlag auf meiner linken Schulter warf mich fast um, als ob ein großer Vogel auf mir gelandet wäre. Ich öffnete erschrocken die Augen, aber es war nichts zu sehen, obwohl ich den Griff der Klauen spürte und das Gewicht von was immer es war noch auf mir lastete.

Ich war beunruhigt, aber ich begriff, wie oft Phänomene beim Rauchen vorkommen, die dem logisch denkenden Verstand unerklärbar bleiben. Ich schloß die Augen und rauchte die Pfeife zu Ende, währenddessen etwas Schweres auf meiner Schulter saß und sie fest in den Fängen behielt. Ich rechnete damit, daß es weggehen würde, wenn die Pfeife beendet war, aber es blieb. Es saß den ganzen Weg bergab auf meiner Schulter, bis ich unten war, dann verließ es mich.

Ab und zu kam es wieder, immer auf der linken Schulter, und nicht nur, wenn ich auf dem Berg rauchte. Einmal kam es, als ich mit einer Gruppe von Menschen zusammen war, die zwar nichts Außergewöhnliches bemerkten, obwohl ich meinte, daß mein Verhalten zerstreut wirken müßte. Erst als es dauernd bei mir blieb, meinte ich, Rat zu benötigen. Mit unserer verfehlten Erziehung und Gehirnwäsche ist es schwierig, nicht zu denken, daß selbstgewollte Halluzinationen oder sogar Geisteskrankheiten mitwirken, wenn Dinge wie diese vorkommen. Also ging ich zu Eagle Man.

„Ich scheine", sagte ich zögernd, „mir eines Vogels auf oder hinter meiner linken Schulter bewußt zu sein."

Er sah mich fragend an, als ob er (was er manchmal tat) sagen wollte: Nun? Na und? Nach einer stillen Pause fuhr ich fort.

„Sollte ich irgend etwas tun?“

„Du könntest ihn füttern“, antwortete er. „Er kriegt Hunger, so wie wir.“

Dies war mir ein ganz neuer Gedanke.

„Womit?“

Er meinte, Adler mögen den Tabak nicht „so wie die anderen.“

„Mais, Weizen, Pinienkerne, manchmal Fisch.“

Es machte keinen Unterschied, wer die tatsächliche Opfergabe fraß, ob Vogel oder kleines Tier, die Essenz würde schon an den richtigen Adler gehen.

Wir sprachen darüber, wofür ich fasten würde. Ich hatte Schwierigkeiten, es zu formulieren — eine heilende Helferin zu werden, jemand, der das Elend lindert, ein weiblicher Medizin-Doktor, mit anderen Worten ‚mehr des gleichen‘, mich weiter um alle die zu kümmern, die in meiner Pfeife waren.

„Mach weiter wie bisher. Es hängt von dir ab. Niemand kann dir sagen, was du tun solltest“, sagte er.

„Hab Dank für alles, was du mich gelehrt hast.“

„Bedanke dich nicht bei mir. Danke den Großvätern.“

„Trotzdem danke ich dir, und den Großvätern.“ Er meinte, daß ich zwei Pfeifen haben sollte, eine für mich alleine und eine zum Rauchen mit anderen.

Mein Tagebuch lautet 16. November:

Auf den Bergen schneit es. Mittags sagte ich, ich gehe rauchen, und genoß eine wunderbare Pfeife alleine, was ich sehr brauchte. Ich steckte einen Maiskolben in einen Baum und als ich ging, rauschte eine Krähe dorthin und eine zweite kreiste in der Luft. Dann kamen beide und kreisten über meinem Kopf und über T. und D., die ein Stück vorangingen. Endlich, nach einer sehr schönen Vorstellung, verzogen sich die Krähen nördlich. Ich gehe davon aus, daß der Mais annehmbar war. Vielleicht ist das, was ich habe, eine Krähe, ein ‚kleiner schwarzer Adler‘, aber ich habe eher den Eindruck von grau und braun und größer als eine Krähe.

18. November
Die Sonne erscheint ab und zu, aber das Wetter hat sich noch nicht entschieden. Es regnete und stürmte die ganze Nacht lang. An diesem Datum erhielt ich den speziellen Ring mit dem Doppeladler vor langen Jahren. Seitdem bin ich ein fahrender Wandersmann geworden, eine Pfeifenfrau, die mit Aufträgen hinauswandert. „Wie merkwürdig es erscheint und neu."

21. November
Ich nahm die Pfeife den Hügel hinauf zu meinem Lieblingsplatz am schnell fließenden Bach. Ich legte Mais und Sardinen aus. Kein sichtbarer Vogel kam, aber da war ein großer, aufmerksamer Friede während des Rauchens — und die Krallen auf meiner Schulter.

23. November
Eine Krähe war heute früh hier. Ich legte Mais aus. Später am Tag ging ich zu meinem Lieblingsplatz hinauf, rauchte aber in einem anderen, offeneren Bereich. Ich legte Sardinen und Mais aus. Ein Adler kreiste, als ich ankam. Ich bat um Hilfe und Rat für das kommende Fasten, damit ich es richtig vorbereitet antrete.

Sonntag, 25. November
Das Schwitzen heute war aufgrund von Sachen, die H. und P. über Eagle Man sagten oder andeuteten, etwas unharmonisch für mich. Ein allgemein häßliches Gefühl dort schien gegen ‚Nicht-Indianer‘ gerichtet zu sein, die, wie H. sagte, nie mehr als gelegentliche Besucher sein könnten. Das ist traurig für die Gruppe junger weißer Leute, die seit einigen Jahren herkommen, und für mich, nach dreizehn Jahren der Freundschaft. Wir müssen versuchen, daran zu denken, daß alle

Dinge uns auf die nächste Stufe mit lichteren, besseren Schwingungen vorbereiten.

27. November

Ich war bei Eagle Man, um über das kommende Fasten zu sprechen. Heute abend war die Pfeife stark und freudig. Ich legte Mais für den Geflügelten aus, der die Pfeife begleitet. Eagle Man sagte heute, daß er mich vielleicht jetzt anrufen würde, zu helfen. Ich sagte unangemessenerweise: „Zu jeder Zeit."

Ich begreife, daß dieses viernächtige Fasten der Höhepunkt sein wird, das letzte, das ich durchzuführen verpflichtet bin.

28. November

Mit D. fuhr ich zu einem guten Platz zum Rauchen, um anschließend zu essen. D. sagte: „Guck mal, das kleine Tier an dem Stein dort. Muß ein Eichhörnchen sein, die Entfernung ist zu groß, und die Blumen am Fuß des Felsens zu hoch. Vielleicht ist das eine riesige Eule. Es hat solche Ohren."

Wir holten das Fernglas aus dem Auto — es war ein Berglöwe. Er saß majestätisch auf dem Felsen und betrachtete uns, wandte den Kopf hin und her. Wir aßen anscheinend in seinem Eßzimmer, denn es lagen überall Knochen kleiner Tiere herum, und D. fand ein Büschel von seinem Fell unter einem Baum. Sie nahm es mit, um es später bestimmen zu können. Er war zauberhaft anzusehen. So nah der Straße, so frei und wild.

Später im Mondlicht, als wir durch den Pass kamen, sahen wir ein Reh.

„Alle kommen zu deinem Fasten", sagte D.

Wir sprachen über das Fasten. D. hat es noch nicht gemacht. Wir waren uns einig, daß es ein freudiges Erlebnis war und keineswegs ein Opfergang, daß es ein Weg ist, das Bewußtsein zu erweitern, Kontakt mit ‚Denen Oben' zu bekommen. Da D. weiß ist, macht sie sich Sorgen, daß ihr die Schwitzhütte nach drei Jahren regelmäßigen Mitmachens verschlossen werden könnte.

30. November

Mein Fastentag begann grau, verschleiert und mit Schneetreiben, lichtete sich aber, bis blauer Himmel herrschte, die Sonne auf die schneebedeckten Berge schien und kleine weiße Wolken nach Norden zogen. Krähen zogen auch nordwärts; kleine Vögel schmausten an dem Vogelfutter im Garten.

Kleiner Schwarzer Adler ist eben durch den Garten gekommen, um nach mir zu sehen. Dieser Ort ist wunderschön! Ich danke jeden Tag dafür und werde es heute nacht noch mehr tun.

Um fünf herum ging ich hoch zum Reservat, dann zum Schwitzen, das diesmal richtig heiß war, ohne Öffnungen. Dann kam die Mahlzeit und anschließend, gegen halb zehn, schloß mich Eagle Man ein. Ein gewaltiger Sturm kam auf, aber es war nur das Wetter. Regen peitschte die ganze Nacht lang gegen die Nordwand, obwohl der Wind von Süden kam. Ich hatte die Fastendecke fest um mich gewickelt, doch ich fror trotzdem.

Zwei feurige Räder erschienen, eins über Eagle Mans Platz beim Schwitzen und eins gegenüber, wo P. sitzt. Sie blitzten und an den Rändern brannten Lichter wie Zauberkerzen. Eins machte die Runde durch die Hütte, dann verschwanden sie. Sie waren die einzigen Erscheinungen der Nacht, aber es war nie völlig dunkel. Vielmehr schien die Luft lavendelfarben.

Ich meditierte über Räder, das Große Medizinrad, den Tierkreis, Leben in der heiligen Runde. Dann rauchte ich die Pfeife und eine wohltuende Wärme verbreitete sich in meinem Körper. Mir war beim Fasten immer zu heiß gewesen; die Prüfung der Kälte ist härter.

Morgens kam Eagle Man, um mich herauszuholen. Ich stand und betete zur Sonne. Anschließend lag ich den ganzen langen, kalten Tag hindurch dösend in der Hütte. Am Nachmittag ging eine Schar von kleinen schwarzen Vögeln vorbei; sie gingen rund um den Altar herum, guckten hinein und zwitscherten. Dann verschwanden sie, und plötzlich lief eine enorm dicke, schillernde Elster vorbei. Die Vögel mußten geschickt manövrieren, um dorthin zu gelangen, wo ich sie durch die kleine Öffnung sehen konnte. So bekam ich auch später einen kurzen Anblick von Eagle Man, der nach oben zeigte, und ich drückte mein Gesicht an die Öffnung, um sehen zu können. Da war der Kleine Adler und kreiste über der Fastenhütte.

Endlich kam die Nacht, und Eagle Man tat mich wieder ‚hinein', diesmal mit größerem Zeremoniell und P. als Assistent. Ich wurde mit dem glimmenden Süßgrasbüschel gesegnet, das überall herumgewedelt wurde, über mein Gesicht, meine Decke hoch und runter, über meine Pfeife; und dann Dunkelheit und Kälte. Diese Nacht war so furchtbar kalt.

Die Visionen, als sie eintraten, waren kleine leuchtende Wolken, die in der Hütte herumschwammen, und viele Arten von Gesichtern, meist Indianer, aber auch einige Weiße. Dann kamen Schmerz, Kälte und Gebete und zeitweiliges tranceartiges ‚Reisen', von dem ich konfuse Eindrücke von brennenden, rotierenden Rädern und H.,s Gesicht zurückbrachte. (Ich erfuhr später, daß er zu der Zeit, als ich ihn sah, völlig unerwartet gestorben war.) Wenn Gesichter hereinkommen, ist es, um einen Segen zu empfangen oder eine Botschaft zu bringen, also segnete ich ihn.

Der nächste Tag war auch lang und kalt, und ich war hungrig, aber noch viel mehr dürstete mich nach einem heißen Getränk. Meditieren war schwierig. „Abstinenz ist das Losgelöstsein vom Körper und den Sinnen", sagen die Weisen, aber es ist schwer, am dritten Tag eines indianischen Fastens davon losgelöst zu sein.

Die Nacht nahte endlich, und Eagle Man und P. kamen, um mich einzuschließen. Durch die Öffnung konnte ich den Himmel hinter ihnen sehen. Ein großer Hof war um den Mond, von einigen geometrischen Linien gekreuzt, was eine sehr merkwürdige Wirkung hatte.

Dann begann die lange Nacht. Es war diesmal nicht kalt, der Wind hatte nachgelassen. Meine Fastendecke wurde wunderbar warm und behaglich. Die Hütte war schwarz, kein lavendelfarbenes Licht, nichts außer Einsamkeit, Ausdauer und einigen blassen Blitzen. Ich war auf Prüfungen gefaßt, aber es gab nichts Schwieriges. Es war eine ruhige Nacht, außer daß Coyoten in der Nähe heulten und etwas ein oder zweimal gegen die Wände schlug.

In gewisser Weise war die Dunkelheit und die Stille bedeutender, ins innere Wesen eindringender als alles, was ich bisher durchgemacht hatte. Ich fühlte mich reisen, reisen, reisen durch kosmischen Raum.

Nahe der Morgendämmerung, soweit ich es durch ein Hahnenkrähen feststellen konnte, rauchte ich die Pfeife. Eagle Man kam, um mich herauszuholen. Ich war merklich geschwächt, als ich da stand, um die Sonne zu begrüßen, und den langen, langen Tag hindurch döste ich und sammelte meinen Mut, um mich in der kommenden Nacht besser zu verhalten. Man darf beim Fasten nicht passiv sein. Es ist eine Gelegenheit, das Bewußtsein zu erweitern, die man vielleicht nie wieder haben wird.

Eagle Man kam nachmittags, um zu mir zu sprechen, und brachte eine kleine Figur mit, die er gerade schnitzte, einen Elefanten, stämmig und entzückend, keine drei Zentimeter lang. Ich nahm mir vor, nicht zu vergessen, ihm zu erzählen, daß es in diesem Tal in prähistorischen Zeiten Elefanten gegeben hatte, falls er es nicht bereits wußte. Die meisten wissen das nicht.

Dann war es wieder Abend, und er tat mich mit glimmendem Süßgras und den ganzen behutsamen Segnungen hinein, wünschte mir eine gute Nacht und versiegelte den Türvorhang. Dahinter saß ich aufrecht und faßte mich für die letzte Nacht dieses Fastens, die in völliger Dunkelheit begann. Ich betete für das, wofür ich fastete, für alles, was mir in Gedanken war, auch für die Gesichter und Namen, die mir plötzlich einfielen.

Alsbald waren da ein Rad und Linien aus Licht, und wieder löste das lavendelfarbene Licht die Dunkelheit auf. Ich wußte, daß die Nacht draußen einen hellen Mond hatte, der auf beschneite Berge schien, aber als der obere Teil der Hütte verschwand, war die Nacht dunkel, und die Sterne schienen schwach, nicht so hell, wie vor einem Jahr. Sie bewegten sich feierlich in einem eher majestätischen Tanz. Ich legte mich hin, um sie besser sehen zu können, aber ich wurde schläfrig, also setzte ich mich auf, die Pfeife mit dem Stiel nach oben in den Händen, und betete laut und inbrünstig.

Dann schloß sich die Hütte langsam, und es wurde völlig dunkel. Plötzlich spürte ich, daß ich in das Kraftfeld der Welt, der Mutter Erde, einbezogen wurde. „Die Welt ist nur ein einziger Tag, an dem wir fasten" kam mir in den Sinn. Ich fühlte, daß mich die Großväter begutachtet hatten und ich jetzt in die Gegenwart der Herren des Karma gelangt war, daß ich beurteilt worden war, obwohl ich das Urteil noch nicht erfahren würde. Ich sagte den Großvätern Dank für ihre Hilfe und ihren Schutz und die kurzen Augenblicke, die sie uns von sich gewähren, um uns an Wakan Tanka zu erinnern. Ich sagte den Herren des Karma Dank für ihre Weisheit, ihre Gerechtigkeit und ihre Liebe für uns. Ich erbat Verzeihung für die Unzulänglichkeiten meines Fastens.

Eagle Man stand an der Türöffnung. Es war noch dunkel, als er mich herausholte, am Horizont schimmerte die Vordämmerung. Er machte sich daran, das Feuer für das Schwitzen anzuzünden. Ich ging wieder hinein, um die Pfeife zu rauchen. Meine Lippen und Kehle waren ausgetrocknet, und ich war schwach, aber die Pfeife war wohltuend und stark, stärker, als ich sie je erlebt hatte. Bald wies mich Eagle Man an, zu gehen und mich für das Schwitzen umzuziehen. Ich strauchelte zu meinem kalten Wohnwagen, doch er kam mir nach und brachte einen Eimer voller heißer Steine, um Wärme für mich zu schaffen; ein liebevoller, besorgter Mann. Er fragte mich nach der Nacht, und ich erzählte ihm, was vorgefallen war. Er sagte, ich müsse das in der Hütte wiederholen.

Die ersten Leute trafen ein. Ich zog mir saubere Schwitzkleidung an und ging, um vor der Hüttentür am Feuer zu stehen.

Bevor das Schwitzen anfing, berichtete Eagle Man, daß, soweit er es feststellen konnte, alles gut gegangen sei. Die Geister waren in seinem Haus erschienen und hatten ihn beim Namen gerufen. Dann verlangte er meinen Bericht, und ich gab ihn mit ausgetrocknetem Mund.

H. saß neben mir und begann ein langes Paiute-Gebet, das mit vielen ‚Evelynis' durchsetzt war. Ich wünschte mir, ich wüßte, was sie da sagte! Auf Englisch sprach sie dann über die Feuerräder. „Die Wirbelies (ihre Bezeichnung dafür) sind nicht von unserer Mutter", sagte sie bestimmt, „Wirbelies kommen von einem anderen Großvater für Evelyni." Ein Chor von Hei-ehs ertönte und weitere Bemerkungen auf Paiute.

Ich kam gut durch das Schwitzen, obwohl ich mich schwach und benommen fühlte. Später, als ich etwas gegessen und geruht hatte, erfüllte mich wieder ein Strom der Kraft, und ich wußte, daß meine Pfeife stärker geworden war. Auf der Fahrt nach Hause fühlte ich mich ausgelaugt, aber auch zutiefst zufrieden.

# 22

Nachdem ich die ‚Wirbelies' während des Fastens gesehen hatte, horchte ich auf, als mir Eagle Man aufgab, ins Coso-Gebiet zu fahren, wo es viele Petroglyphen gibt, um die Pfeife zu rauchen und den Großvätern dort Opfergaben zu bringen.

Es war ein schwieriger Auftrag, denn dieses Gebiet befindet sich innerhalb des Marinewaffen-Zentrums am China Lake und darf nur in kurzen, geführten Touren in Gruppen besucht werden. Mit einer Freundin als Gehilfin bewarb ich mich um Teilnahme an einer Führung. Wir gaben vor, daß sie beauftragt sei, einen Bericht über Petroglyphen zu erstellen, und ich sollte die Fotos dazu machen.

Ich packte Pfeife, Medizinbeutel, Zubehör und Opfergaben in eine übergroße Schultertasche. Es gab für nichts weiteres Platz, aber die Kamera steckte ich mir sicherheitshalber in meine Tasche. Nachdem unsere Genehmigungen überprüft waren, wurden wir von zwei Fremdenführern in die Schlucht geleitet. Anfangs schien es, als ob es unmöglich sein würde, mehr zu tun als nur hindurch zu gehen, wobei die Pfeife ihren geheimen Segen an das abgeben würde, was wir gerade besichtigten. Aber bald fingen die Besucher an, kleinere Grüppchen zu bilden; die Führer vorneweg mit den ganz Eifrigen und die Nachzügler immer weiter hinten bleibend. Wir schafften es, die Letzten zu werden, und machten hier und da Pause, um bei Felsen mit besonders eindrucksvollen Petroglyphen Bilder und Notizen zu machen. Es schien aber keine Chance zu geben, das zu tun, wozu ich hergeschickt wurde, ohne die Pfeife oberflächlicher Neugier auszusetzen.

Plötzlich flog eine Krähe über den Rand der Schlucht, segelte mit dringendem Geschrei herab und schlüpfte in eine seitliche Öffnung, die wir nicht gesehen hatten. Wir warteten, bis uns alle den Rücken gekehrt hatten, und stahlen uns dann seitlich davon, um ihr zu folgen. Es war eine enge gewundene Kluft zwischen riesigen Felsen ohne Zeichen, bis wir um eine Ecke kamen. Dort, auf drei Seiten eines offenen Raumes, waren Medizinmänner, Bergschafe, Leitern und drei auffällige ‚Wirbelies', die ein Dreieck bildeten.

Meine Freundin mußte mich nicht darauf hinweisen, daß dies der erhoffte Ort war, oder mich zur Eile ermahnen. Ich saß bereits mit gekreuzten Beinen mit dem Gesicht zum Dreieck gewandt und nestelte an der Tasche. Ich holte die Muschel heraus, in der Salbei verbrannt wird, die Pfeife in ihrer Tasche, Tabak, Mais als Opfergabe und andere Dinge.

„Wenn du dich dahin setzt", sagte ich, „versperrst du den Blick hier hinein und kannst mich warnen."

In dem Augenblick erschien die Krähe wieder und landete auf einem Felsen über uns. „Ich werde euch warnen", schien sie zu sagen.

Ich zündete den Salbei an, rauchsegnete uns und alles, was gebraucht wurde, stopfte die Pfeife zeremoniell und begann zu rauchen. Ich bat die Großväter dieses uralten Ortes, mit mir zu rauchen, wenn sie es wünschten, ich erklärte, daß ich Segen und Opfergaben von einem heutigen Medizinmann brachte, der gekommen wäre, wenn er nur könnte, um eine Schwitzhütte zwischen den alten Symbolen zu bauen und hier die alten Riten abzuhalten. Ich bat, daß der Rauch der Pfeife sich weit in der Schlucht ausbreiten möge, um die Petroglyphen vor Verschmutzung und Vandalismus zu schützen, daß er so tief in die Felsen und Pfade eindringen möge, daß alle, die hier wanderten, die Gegenwärtigkeit der Großväter spüren und sich zu Wakan Tanka wenden mögen.

Ich fühlte sehr starke Präsenzen um mich herum und verlor wie üblich jeden Sinn für Raum und Zeit. Der Rauch zog in Spiralen durch die Felsen hinauf. Es war ein Wunder, daß nicht alle angerannt kamen. Feuer jeder Art waren streng verboten, besonders in dieser Dürrezeit. Das war, was meine Freundin befürchtete, als sie da saß und mich ängstlich abschirmte. Aber ich habe entdeckt, daß die Pfeife immer beschützt ist, wenn sie geraucht werden muß. Ich ‚sprach' in Frieden zu den Großen und wußte, daß Sie mich hörten.

Als ich so saß, immer noch benommen von der weiten Reise, die ich in die zeitlose Sphäre gemacht hatte, schrie die Krähe aufgeregt, schlug mit den Flügeln und flog fort. Ich schob die Pfeife unter die Tasche, nahm die Opfergabe und eilte den Felsen zu dem Platz hinauf, wo die Krähe gesessen hatte. Auf halbem Weg fand ich eine Steinfläche mit einer Mulde. Da legte ich den Mais hinein, den Tabak und den Rest, wandte mich dann in ritueller Weise den vier Himmelsrichtungen zu, während bereits recht nahe das Getrampel von Füßen hörbar wurde, doch erschien niemand, bevor alles verstaut war. Was sie dann sahen, war eine Fotografin, die gehörnte Bergschafe ablichtete.

„Weiter vorne sind noch bessere", sagte jemand.

„Haben Sie das bekommen, was sie wollten?" fragte ein Fremdenführer, als er uns wieder hinaus und sicher zum Parkplatz brachte. Ich antwortete: „Ja", wäre aber gerne alleine oder mit Eagle Man zurückgekommen, um die gesamte Schlucht zu betrachten und die Nacht dort zu verbringen, mit einem Sonnenaufgang-Schwitzen am nächsten Tag, so wie es in den alten Zeiten gewesen sein muß. Ein anderes Mal drangen wir mit einer kleinen Gruppe von Indianern und Weißen in einen anderen Teil des Gebietes vor, und Eagle Man hielt dort ein verkürztes Schwitzritual ab, aber das war nicht bei den Felszeichnungen.

Den Indianern ist der Zugang zu den heißen Quellen dort verwehrt, die deshalb auch rasch austrocknen.

## 23

Einige Wochen später besuchte ich Eagle Man und brachte ihm meine Alben mit den Fotografien von Petroglyphen, Piktogrammen und sonstigen Felszeichnungen aus Nevada, damit er die ‚Wirbelies' ansehen konnte. Er war daran interessiert und fuhr mit seiner Frau und mir los, um einige weitere anzusehen, die er am Sonntag davor in seinem Gebiet entdeckt hatte.

In der Tat waren es die Wirbelies, die ich während des Fastens gesehen hatte. Wir besprachen ihre Bedeutung und ihre Anwendung in unserer Arbeit, die für uns beide laufend mehr wurde. Die Zahl der Menschen, die seine Schwitzhütte aufsuchten, stieg ständig. Die an mich gerichteten Bitten um Hilfe häuften sich. Ich hatte ein Telefon in meinem Häuschen installieren lassen, und es war selten, daß es nicht mehrmals am Tag klingelte.

„Mein Sohn ist krank. Würdest du ihn in deine Pfeife tun?" „Ich habe meinen Arbeitsplatz verloren. Tust du ihn in deine Pfeife?" „Etwas Furchtbares ist passiert. Ich brauche Hilfe." „Würdest du kommen, um mein Haus zu segnen? Da ist ein böses Gefühl drin". „Meine Mutter liegt im Sterben". „Meine Tochter ist gestorben". „Bitte hilf meinem Sohn, er nimmt Drogen."

An einem außergewöhnlichen Tag kam ein Notruf von Eagle Man für ein besonderes Heilendes Schwitzen. Er hatte sich am Rücken verletzt. Er bat mich darum, meine Pfeife mitzubringen. In der Schwitzhütte sollte ich neben ihm sitzen und ihm dann meine Pfeife reichen. Den Leuten erklärte er, daß diese Pfeife besondere Kräfte beinhalte, und wenn wir sie in gewisser Weise anwendeten, würde ein Adler hereinkommen. Er gab sie mir wieder, und ich tat, was mir aufgetragen worden war.

Dann bat er mich, ihn mit der Feder zu behandeln, seiner großen Adlerfeder. Ich schlug sie auf seinen Rücken, bis er mir sagte, daß es gut und genug sei. Während ich ihn ‚behandelte', sangen die Leute, und P. goß Wasser auf die Steine, so daß das Schwitzen vier Runden lang weiterging.

Einmal spürte ich Krallen auf meiner Schulter und hörte mehrmals das Schlagen von Schwingen innerhalb der Schwitzhütte. Andere hörten es auch, und nun war es ein offenes Geheimnis, daß dieser Pfeife ein Adler angehörte, ein kleiner, den Nicht-Indianer den Rotschwanzhabicht nennen. Als wir aus dem Schwitzen kamen, kreiste einer über dem Gelände.

Am nächsten Tag ging es Eagle Mans Rücken besser. Er konnte wieder arbeiten. Ich ging mit meiner Pfeife den Berg hinauf. Eine Freundin begleitete mich. In der Abenddämmerung war es noch immer hell genug, um einen herrlichen Coyoten sehen zu können, der überhaupt keine Angst vor uns hatte. Als wir näher an ihn herankamen, setzte er sich sogar hin, um uns besser betrachten zu können. Obwohl es ansonsten überall kalt war, war es auf dem Berg warm und behaglich neben dem Bach. Nach einer guten und freudigen Pfeife hinterließ ich Mais und Sardinen für den Adler.

Sonntag, 23. Dezember

Ging zum Schwitzen, als einzige Frau in einer Gruppe von Männern. H. war da und Eagle Mans Neffe aus dem Süden. Es war ein gutes Schwitzen. L. war in Nevada bei ihrem Volk, denselben feindlich Gesinnten, die sie und so viele andere gegen Nicht-Indianer aufhetzten. P. erzählte beim Schwitzen, daß ein kleiner hübscher Adler am vergangenen Sonntag in der Nähe der Schwitzhütte gesehen wurde. Er sagte nicht, warum der Vogel gekommen war, aber so, wie er es hervorhob, hätte es denen, die nicht dabei gewesen waren, einiges mitteilen können. Er beschrieb, wie der Adler innen herumflog. Dann lächelte er mich an.

Sonntag, 30. Dezember

War beim Schwitzen, und es war herrlich. Aber danach kam

Eagle Mans Neffe, um im Auto mit mir zu sprechen. Er ist die indianische Ausgabe des ‚zornigen jungen Mannes' und besucht eine höhere Schule, an der er nur von den bösen Taten der Weißen erfährt. Er erklärte mir, daß alle Nicht-Indianer die Schwitzrituale meiden sollten, daß Eagle Mans Hütte verschwinden würde, wenn weiterhin Weiße dahin kämen. Ich sagte dazu, was ich konnte, daß Eagle Man allen, die zu ihm kamen, Hilfe und Heilung gab, ohne Rücksicht auf die Hautfarbe. Ich gab zu verstehen, daß Eagle Mans eigene Leute ihn nicht immer unterstützt hätten, eine Untertreibung, die sogar er begriff. Er behauptete: „Die Weißen kommen nur aus Neugier." Ich antwortete darauf: „Nicht diese jungen Leute", und fügte hinzu, daß ohne sie, ihre Hilfe und Beteiligung, die Schwitzhütte erheblich geschwächt wäre. Was er fühlte, konnte ich nachempfinden, aber erinnerte er sich nicht an die freudvollen Tage, bevor dieser aufgepeitschte Haß von außen hereingetragen wurde?

Er erinnerte sich. Seine Gefühle waren gemischt; er fing zu weinen an. Ich versicherte ihm, daß, wenn Eagle Man keine Nicht-Indianer in seiner Schwitzhütte haben wollte und er es uns sagte, wir wegbleiben würden. Er meinte darauf, er betrachtete mich nicht als Nicht-Indianerin. Meine Antwort war, daß ich mich zu den Menschen zählte, die weder Indianer noch Nicht-Indianer waren und ihn und alle anderen einfach als Menschen ansahen. Ich erzählte, daß Eagle Mans Schwur bei seinem Fasten gelautet hatte, eine Schwitzhütte für alle zu betreiben, ohne Rücksicht auf Hautfarbe, und daß ich für diese Schwitzhütte gefastet hätte. Es war mir wichtig, ihn daran zu erinnern, daß Nicht-Indianer Material und Arbeit und liebenden Respekt dafür aufgebracht hätten.

Nach einer stillen Pause lächelten wir uns an, nachdenklich geworden, und er stieg aus dem Auto. Aber mit welcher Traurigkeit! Ich weiß, daß diese Indianer auf das Kommen des Großen Großvaters hoffen, auf das Ende der Welt, wenn alle Weißen weggefegt werden außer einigen wenigen symbolischen ‚Befreiten', Menschen zweiter Klasse.

Ich dachte an die Vision Wovokas, der als erster zu ihnen von der kommenden neuen Welt sprach. Die Essenz seiner Lehre, wie er sie der Welt gab, war: „Die Zeit wird kommen, wenn die gesamte indianische Rasse, lebend und tot, auf einer wiedergeborenen Erde wiedervereinigt wird, um glücklich zu leben, für immer von Tod, Seuche und Elend befreit. Die weiße Rasse wird daran nicht teilhaben und mit den anderen irdischen Dingen zurückgelassen werden, die ihren vorübergehenden Zweck erfüllt haben, oder sie wird gänzlich aufhören zu existieren. In der Zwischenzeit muß das Volk die heiligen Tänze tanzen, darf niemandem Schaden zufügen, soll sich immer richtig verhalten und mit den Weißen zusammenarbeiten, sich mit ihnen vertragen, bis der Tag da ist. Alles wird vom Großen Geist besorgt werden. Vor allem sollt ihr nicht kämpfen, es darf keinen Krieg geben." James Mooney hörte dies unmittelbar von Wovoka im Jahre 1892.

Porcupine, der Medizinmann der Cheyenne, der Wovoka besuchte und dessen Lehren direkt erhielt, berichtet Wovokas Worte:

„Mein Vater sagte mir, die Erde wird alt und verbraucht und die Menschen werden schlecht, und ich wurde geschickt, um alles zu erneuern, es so zu machen, wie es war, und es zu verbessern. Er sagte uns auch, daß unsere Toten wieder auferstehen würden, um alle wieder auf die Erde zurückzukehren, und daß diese dann die Größe hätte, uns alle aufzunehmen; daß wir allen Menschen, die wir treffen, von diesen Dingen erzählen müssen. Er sprach zu uns über das Kämpfen und sagte, es wäre böse und wir sollen davon ablassen. Die Erde sollte hiernach völlig gut sein und wir müssen untereinander Freunde werden. Er wies uns an, nicht zu streiten oder zu kämpfen, uns nicht zu schlagen oder gegenseitig auf uns zu schießen, denn Weiße und Indianer sollten ein Volk werden."

Einige dachten, Wovoka meinte, bis der große Tag der Trennung kam. Andere, darunter einige Medizinmänner diverser Stämme, glaubten, daß die Guten, Großen und Demütigen jeder Rasse gerettet würden, ‚die Sanftmütigen werden die

Erde erben'.

Wovoka und die anderen Heiligen Männer und Frauen schienen das Kommen einer neuen Erde und eines neuen Himmels vorauszusagen; oder, wie es andere heutzutage ausdrücken, den Eintritt des Planeten mit all seinen Geschöpfen in das Zeitalter des Wassermanns.

Im Jahr 1892 befanden sich die Indianer mitten in den Folgen bitterer Niederlagen — unmenschliche Behandlung, nicht eingehaltene Versprechen, gebrochene Verträge und schändliches Benehmen seitens der weißen Eroberer. Unter diesen Umständen wäre es den meisten Indianern schwergefallen, sich vorzustellen, daß Weiße, denen sie begegnet waren, Einlaß in die neue Erde bekommen würden. Aber viele, damals wie heute, waren sich bewußt, daß die neue Erde und der neue Himmel nicht auf der Basis von Hautfarbe zugeteilt und auch nicht einer Rasse, Nationalität oder Religion vorbehalten sein würden. Dies ist der Fehler, der sich durch alle Zeitalter zieht: die Annahme, daß die Wahrheit nur einem Bruchteil der Menschheit gehört.

Als die jungen Weißen die Ablehnung und Feindseligkeit zu spüren begannen, die ihnen als Nicht-Indianer ausschließlich aufgrund ihrer Hautfarbe entgegengebracht wurde, taten sie mir sehr leid. Sie hatten sich jahrelang in der Schwitzhütte eingefunden und lebten nach dem Medizinrad, während viele derer, die dafür agierten, sie auszuschließen, Eagle Man konsequent Unterstützung verweigerten, nicht nach der Pfeife fragten, nicht fasteten und auch nicht an den Schwitzritualen teilnahmen. Ich begann erneut die Lehren und Worte der Großen Medizinmänner wie Black Elk und auch Rolling Thunder zu lesen, der Versammlungen von nahezu dreitausend Menschen ansprach, mit einer Botschaft der Bruderschaft, einem „Beginn einer Einheit, einem wahren geistigen Teilen zwischen Indianern und Nicht-Indianern."

„Wir sind die Hüter des Landes", sagte Rolling Thunder. „Wir sagen, es gibt Platz für alle, und daß wir als Brüder leben und miteinander teilen sollten. So sollte es sein. Wir sollen zusammenarbeiten, um das Leben für uns alle gut zu machen, für alle, die auf dieser Mutter Erde wohnen."

Er sagte ferner, daß die Weißen viel tun müßten, „um einige der stupiden Gesetze zu ändern, die mein Volk unterdrückt haben... und helfen müssen, die Sachen wieder in ihre richtige Ordnung zu bringen", bevor einiges von dem Wissen von geistigen Dingen mitgeteilt werden könne. Dann fügte er hinzu:

„Ich habe begonnen, mich unter vielen verschiedenen Menschen aus einer Vielfalt von Rassen zu bewegen. Ich habe Menschen kennengelernt, die sich auf einer sehr hohen geistigen Ebene befinden, wie einige unserer Medizinleute. Es gibt gewisse Zeichen und Hinweise, wenn man die richtigen trifft, und manchmal ist es nicht einmal notwendig, zu sprechen. Rassen und Sprachen machen keinen Unterschied; die Hindernisse sind verschwunden, wenn Menschen auf höheren geistigen Ebenen sich begegnen können."

Da meine Indianerfreunde meist Paiuten waren, hatten sie ihre Überlieferung von der nahenden Weltveränderung von ihrem großen Heiligen, Wovoka, übernommen, der irgendwann zwischen 1856 und 1858 in Mason Valley, Nevada, geboren wurde. Er verließ sein Heimatland nie. Wer seine Lehren hören wollte, mußte zu ihm kommen.

Sein Wissen wurde ihm durch Visionen in Trance eingegeben, die er oft erlebte. Der wichtigste seiner starrsuchtähnlichen Zustände traf mit der totalen Sonnenfinsternis vom 1. Januar 1889 zusammen. Die Paiuten wurden von diesem ‚Tod der Sonne' in Ehrfurcht und Schrecken versetzt. Das ‚Fortgehen' ihres großen Propheten zu diesem Zeitpunkt beeindruckte sie sehr und förderte seine wachsende Autorität.

Er blieb vier Tage und vier Nächte lang scheintot. Als er am Morgen des fünften Tages wieder zu Bewußtsein kam, sagte er seiner Frau und denen, die seinen Körper gehütet hatten, daß er das Große Heilige, sowie alle Toten in einer anderen Welt gesehen hatte. Numin'a hatte ihn geheißen, zu seinem Volk zurückzukehren und die Menschen einen neuen Tanz zu lehren, und wenn sie diesen Tanz richtig und gläubig ausführten, würden auch sie befähigt werden, in die andere Welt zu gehen, um ihre Toten zu sehen.

„Dieser Tanz, den wir dich lehren", sagten die Großväter, „ist noch nie getanzt worden. Es ist der Geistertanz der Anderen Welt."

Die Menschen müssen ihn vier Nächte lang und am Morgen des fünften Tages durchführen. Er wird von einem Kreis aus abwechselnd Männern und Frauen getanzt, die sich an den Händen halten und die Gesichter zur Mitte gewandt haben. Die Gesichter der Tanzenden müssen mit heiliger Farbe bemalt sein, die aus ockerfarbenem Stein gemacht wird. Es ist dieselbe Farbe, die noch immer aus Coso und anderen Orten für heilende und zeremonielle Zwecke geholt wird. Ich erhielt einen Vorrat davon, als mir mein Heilungsstein gegeben wurde. Sie ist ein Grundbestandteil des Medizinbeutels.

Im Coso-Gebiet gibt es auch Petroglyphen und Felszeichnungen, die tanzende Figuren zeigen, die Hand in Hand dieselben Schritte ausführen, die heute noch getanzt werden. Das Alter dieser Petroglyphen wird von Archäologen und anderen ‚Experten', die die Gegend untersucht haben, auf mindestens 5000 Jahre geschätzt. Viele glauben jedoch, daß sie erheblich älter sind, was zeigt, daß Wovoka in seinem Volk einen traditionellen Tanz aus uralten Zeiten wieder aufleben ließ, der auch universal ist.

Er erkannte dies. Er sagte, seine Lehren wären dieselben wie die von Jesus, und daß er mit seinem Volk im Kreis tanzen würde, wie Jesus mit seinen Jüngern getanzt hatte. Es gab 1889 keinen Weg für Wovoka, das zu erfahren, was sich uns an Wissen langsam offenbart und sogar heute noch nicht weit verbreitet ist, daß Jesus einen besonderen Tanz im Kreise seiner Jünger tanzte, einen Kosmischen Tanz, einen Tanz der Geisterwelt. Dies konnte Wovoka nur aus der Quelle seines gesamten Wissens erfahren haben, aus seinen Trancevisionen.

Es gab Gesänge, die das Tanzen begleiteten, heilige Gesänge, die er seinem Volk beibrachte und die es beim Tanzen singen mußte. Paiutengesang ist langsam und feierlich, wie das Kreisen eines Adlers. Er hat eine klagende Tiefe in sich, die wohl zu dem langsamen, ehrfürchtigen Schritt des Geistertanzes, wie ihn die Weißen benannten, paßt. Die Tänzer bewegen sich von rechts nach links, im Sinne der Uhr und der Sonne, heben den linken Fuß kaum vom Boden ab und versetzen ihn etwas nach links, setzen den rechten Fuß dann dorthin, wo der linke stand. Die Schoschonen nennen ihn den ‚schleppenden Tanz'.

Sein Zweck war, so viele Menschen wie möglich in einen tiefen Trancezustand zu versetzen, damit sie ihre toten Verwandten und Freunde besuchen und die Bestätigung von Wovokas Lehren über die Geisterwelt zurückbringen konnten. Zusätzlich, und dies war das Wichtigste, konnten sie durch gläubiges Tanzen helfen, das ‚Kommen der neuen Welt' herbeizuführen.

James Mooney schrieb:

„Die Art der endgültigen Veränderung und Zerstörung der Weißen wurde unterschiedlich ausgelegt, als die Doktrin von ihrem ursprünglichen Entstehungspunkt hinausgetragen wurde. Östlich der Berge (gemeint sind die Rocky Mountains) wird allgemein angenommen, daß ein tiefer Schlaf alle Gläubigen überkommen wird, währenddessen eine große Katastrophe stattfindet, und die Gläubigen werden in einer neuen Welt erwachen. Die Schoschonen aus Wyoming meinen, dieser Schlaf wird vier Tage und Nächte andauern und am Morgen des fünften Tages werden alle Menschen ihre Augen in einer neuen Welt öffnen, in der beide Rassen ewig zusammenleben werden. Die Cheyenne, Arapaho, Kiowa und andere sagen, daß die neue Welt, mit allen wiederauferstandenen Toten, mit Büffeln, Hirschen und anderem Wild darauf, aus dem Westen kommen und sich über die bestehende Welt ausbreiten wird, so wie die rechte Hand über die linke gleitet. Wenn sie sich nähert, werden die Indianer hochgetragen, um darauf zu landen, und zwar mit Hilfe der heiligen Tanzfedern, die sie im Haar tragen und die sie wie Flügel hochtragen werden. Danach werden sie vier Tage lang ohnmächtig sein und sich beim Erwachen unter ihren früheren Freunden inmitten einer Umgebung aus früheren Zeiten befinden."

Sitting Bull, der Arapaho-Medizinmann, meinte, daß dem Herannahen dieser neuen Erde eine Wand aus Feuer vorangehen wird, welche die Weißen über das Wasser in ihre ursprünglichen und eigentlichen Länder vertreibt, während es den Indianern durch ihre Federn möglich sein wird, die Flammen zu überwinden und das erneuerte Land zu erreichen. Das Feuer wird dann von einem zwölf Tage dauernden Regen gelöscht.

Die Zahlen, die in den Lehren vorkommen, sind interessant, die Vieren und Zwölfen, wie auch die Formen, die Kreise. Es scheint mir, daß die ‚heiligen Federn', mit denen die Indianer hochgetragen werden, vielleicht auch der Aura entsprechen, dem Heiligenschein, dem Helm der Erlösung, als Merkmale derer, die berechtigt sind, die Flammen zu überwinden, und so für die Auslöser der Umwälzung leicht erkennbar blieben.

Keiner meiner Indianerfreunde hat den Geistertanz je mit mir besprochen, möglicherweise, weil er die völlige Ausrottung der weißen Rasse andeutet, der ich offiziell angehöre. Niemand von ihnen gibt irgendwelche Kenntnisse von einem solchen Tanz zu, nicht einmal vom Propheten Wovoka. Aber dieses Auslassen aus Höflichkeit ist keine wirksame Täuschung. Sie wissen, daß ich viel über Wovoka und über das Herannahen des neuen Zeitalters weiß.

Der Tanz, der so viele Menschen in direkte Verbindung mit der Geisterwelt versetzte, wurde während der Zeiten der Verfolgung geheim weiter getanzt, damals, als der Indianer von weißen Soldaten gejagt wurde, die Befehl hatten, ihn zu töten und seinem ‚Kriegstanz' ein Ende zu setzen.

Ich weiß auch, daß er noch heute getanzt wird, mit wachsender Verbreitung und immer inbrünstiger, auf der ganzen Schildkröteninsel.

Es gibt viele Beschreibungen von diversen Veranstaltungen des Geistertanzes. Auch sind uns einige der Gesänge erhalten geblieben, zum Beispiel der Gesang, der Pa-guadal, ‚Roter Büffel', bei einem Tanz am Walnut Creek im Sommer 1893 eingegeben wurde, der unter Anleitung des Propheten Pa-ingya stattfand. Es ist ein Gesang der Kiowa.

Ich schreie, weil ich ein Vogel bin,
Ich schreie, weil ich ein Vogel bin,
Ich brülle wie ein Büffel,
Ich brülle wie ein Büffel,
Der Knabe wird sich erheben.
Der Knabe wird sich erheben.

Der Tanz sollte eine Verbindung zu dem Sohn Pa-guadals herstellen, der vor kurzem gestorben war. Pa-guadal war ein Anhänger des Adlertanzes und folgte dem Weg des Adlers — „Ich schreie, weil ich ein Vogel bin“ —, aber sein Vater war ein Büffel-Medizinmann gewesen, der seine Kraft seinem Sohn vermacht hatte. Daher konnte Roter Büffel, obwohl er ein Adler war, „wie ein Büffel“ brüllen.

Der Weiße, der über diesen Vorgang berichtete, dachte, daß die Indianer die tatsächliche körperliche Wiederkehr des toten Jungen erwarteten, und schrieb: „Doch der Junge wurde nicht wiedererweckt.“ Aber natürlich fand das Treffen zwischen Vater und Sohn in der Geisterwelt statt, nachdem Pa-guadal in Trance fiel.

Es gibt einen Gesang, der von einem Caddo-Mädchen zurückgebracht wurde, nachdem sie die Geisterwelt besucht und alle ihre toten Freunde dort gesehen hatte. Als sie wieder fort mußte, um in ihren Körper zurückzukehren, weinten ihre Geisterfreunde. Hier ein weiterer Caddo-Gesang des Geistertanzes:

Kommt, Caddoaner, wir gehen alle empor
Kommt, Caddoaner, wir gehen alle empor
Zu dem großen Dorf, He'e'ye!
Zu dem großen Dorf, He'e'ye!
Mit unserem Vater über uns
Mit unserem Vater über uns
Wo er in der Höhe wohnt, He'e'ye!
Wo unsere Mutter wohnt, He'e'ye!

Es wurde am Anfang oder gegen Mitte des Caddo-Geistertanzes gesungen, um die Menschen an den Zweck des Tanzes zu erinnern. Das „große Dorf oben“ ist das Geisterland, ein riesiges Lager, die Himmlische Stadt. Jerusalem die Goldene. Unsere Mutter ist die Erde, die auch ihren Platz im Himmel hat.

Der Weg zu der Geisterwelt ist die Milchstraße, über welche die Seelen der Toten reisen. Ein Kiowa-Geistergesang beginnt:

Mein Vater zeigt mir den Weg,
Mein Vater zeigt mir den Weg . . .

Wenn der „Weg“ in diesen Gesängen erwähnt wird, ist der Übergang nach dem Tode gemeint. Für manche Stämme ist dieser Weg, den die Seele bereisen muß, um mit Freunden und Verwandten in der Geisterwelt vereint zu werden, eine Regenbogen-Brücke von dieser Welt in die nächste, ähnlich dem mittelalterlichen „Kahn des Grauens“, der Erde und Fegefeuer verband. Die Tänze, die in vielen der Gesänge genannt werden, bedeuten die Tänze der Toten mit ihren Verwandten und Freunden, ein ähnlicher Begriff wie der Tanz der Seligen in Fra Angelicos Gemälde. Auch ist die Zusammenführung der Seelen mit ihren Schutzengeln gemeint, der toten Indianer mit ihren schützenden Großvätern.

Wovoka blieb versteckt, zog von Ort zu Ort, um sich schließlich in der Nähe des Walker Lake achtsam niederzulassen, weit von Siedlungen entfernt. Es war ein Platz, an dem es für den Überrest seines Volkes und für die, die der Bewachung in ihren Reservaten entfliehen konnten, die Möglichkeit gab, sich am heiligen Tanz der Geisterwelt zu beteiligen, von dem Wovoka alle Weißen ausgeschlossen hatte.

Er begann, sich mit den Bestattungsriten der Paiuten zu beschäftigen, die er, wie die Riten einiger anderer Stämme, als grausam und den Großvätern unangenehm verdammte. „Wenn eure Freunde sterben, sollt ihr nicht eure Pferde töten, eure Körper nicht mit Messern verwunden und zum Bluten bringen. Wenn eure Freunde sterben, sollt ihr nicht weinen, denn ihr werdet wieder mit ihnen vereint."

Sarah Winnemucca beschreibt den Tod ihres Großvaters so:

„Um Mitternacht, die durch sieben Sterne angezeigt wurde, die an dem Ort standen, den die Sonne mittags einnimmt, drehte und krümmte er sich, ohne die Augen zu öffnen. Der Medizinmann sagte: ‚Er hat seine letzten Worte gesprochen, er hat seinen letzten Blick getan, sein Geist ist fort. Beobachte seine Lippen. Er wird sprechen, wenn er in das Land der Geister eintritt.' Und er tat es, zumindest schien es so. Seine Lippen bewegten sich, als wenn er flüsterte. Ich möchte hinzufügen, daß es der Glaube meines Volkes ist, daß der Geist spricht, wenn er übersiedelt. Man sagt, daß ein Kind, wenn es eine Mutter oder einen Vater im Land der Geister hat, weinen wird, wenn seine Seele dort eingeht.

Nun kam die Bestattung. Alles, was er besaß, wurde ihm mit ins Grab gegeben. Sein Körper wurde in Decken gewickelt, als es so weit war, ihn in das Grab zu legen, und nach seinem Begräbnis wurden sechs seiner Pferde getötet."

Der gesamte Besitz des Toten wurde verbrannt, und meistens auch das Haus, in dem er gestorben war. Deshalb legten viele Familien ihre Sterbenden in extra dafür errichtete Hütten, um das zwangsläufige Abbrennen des Hauses zu vermeiden. Einige wechselten Türen und Fenster aus, als symbolische Zerstörung des Alten und Wiederaufbau des Neuen.

Statt dieser alten Bräuche erließ Wovoka, daß ein Klagetanz abgehalten würde, wie ihn die Paiuten heute noch durchführen.

Ich werde in diesem Leben nie den Adlertanz tanzen, obwohl ich dabei zugesehen habe, und auch nicht den Sonnentanz, obwohl ich zugesehen habe, wie sich die Tänzer vorbereiteten, aber ich habe den Klagetanz einige Male getanzt, und diese Erlebnisse haben mir verdeutlicht, wie es für die Teilnehmer an den großen zeremoniellen Tänzen, besonders dem Sonnentanz, sein muß.

## 24

Der Klagetanz wird im Kreis getanzt, unterscheidet sich aber von dem Geistertanz der Anderen Welt dadurch, daß sich die Teilnehmer nicht berühren, sie folgen dem Rücken des Vordermannes und bewegen sich entgegen der Richtung der Sonne.

Ich besuchte meinen ersten Klagetanz 1964, am Anfang meiner Verbindung mit den Paiuten. Ich wußte, daß es die Trauerfeier für einen hoch angesehenen Mann war und daß meine Teilnahme zulässig wäre, wenn ich den presbyterianischen Pastor einer Reservat-Mission begleitete, der den Gottesdienst nach dem Klagetanz abhalten würde.

In einer kalten, windigen Novembernacht stand ich also in einer Gruppe von Zuschauern unter dem aufsteigenden Mond an einem Hang, von wo man einen Platz überblickte, in dessen Mitte ein großes Feuer brannte. Auf der einen Seite stand ein typisches staatlich erbautes Haus in Kastenform, in dem die Familie wohnte, dahinter der Abort und einige undeutlich erkennbare Schuppen, umgeben von Autos und Traktoren.

Der Pastor und seine Tochter gingen in das Haus, um die trauernde Familie zu begrüßen. Danach sah ich sie beide in den Kreis der Menschen eintreten, die um das Feuer versammelt waren, und in deren Nähe stand eine Reihe von Männern, die Decken und Mäntel trugen. Dies waren die Sänger des Klagetanzes.

Bald begann der Gesang, und die Tänzer im Kreis bewegten sich langsam vorwärts, einer hinter dem anderen. Ihre linken Seiten waren dem Feuer zugewandt, und sie hielten etwas in den Händen. Zeitweilig hoben sie es über die Köpfe, dann senkten sie es bis an die Knie, jeweils zu Änderungen im Gesang, aber meist hielten sie es vor sich, die Fingerspitzen nach oben und die Ellenbogen an die Seiten gehalten. Bei dem Licht des Feuers war es zu dunkel, um zu erkennen, was sie hielten, aber es erschien wie verschiedene Streifen von farbigem Stoff.

Der Vorsänger rief: „Hiu!“ und Gesang und Tanz hörten auf. Die Tänzer drehten sich zum Feuer, um sich zu wärmen. Einige entfernten sich und gingen ins Haus. Andere nahmen ihre Plätze ein. Der Vorsänger rief: „He ja!“ und alles ging weiter. Der Gesang war verändert, aber der Tanz bestand weiterhin aus einem feierlichen Schritt vorwärts, Halbschritt zurück, der Ruhestellung und weiter. Es erinnerte mich ein bißchen an das chinesische T'ai Chi Chih, besonders an den Schritt, der die Sechs Heilenden Laute begleitet. Ich begann, über die Ähnlichkeiten alter Völker in ihrer rhythmischen Handhabung des Lebens nachzudenken.

Es gab eine weitere Pause. Eine Gruppe kam aus dem Haus, zwei Männer stützten eine Frau, die zwischen ihnen ging. Sie bewegten sich langsam an den Sängern und Tänzern und dem großen Feuer vorbei, während alle still und schweigend dastanden. Dann erreichten sie etwas, was mir bisher in der Dunkelheit entgangen war, den Sarg auf seiner hohen Bahre, so aufgestellt, daß er dem vom Feuer erleuchteten Kreis gegenüberstand. Da hielten sie an. Die Frau trat alleine vor. Dann wurde die Stille um uns, die Stille der Nacht selbst, von ihrer ‚Klage‘ erfüllt — dem traurigen, furchtbaren Wehlaut menschlichen Leidens, ein einsames, stolzes, edles, fast kosmisches Klagen. Es zerriß die Dunkelheit, hallte zu den Bergen, es war überall.

Einen Augenblick später stimmten die anderen ein, die Sänger sprachen als Begleitung ihrer Klage sanft ihren Gesang. Dies war ihre Huldigung an den toten Mann, dies war der Abschied der Familie und des Stammes. Als es endete, herrschte wieder langes Schweigen, währenddessen die Frau von den beiden Männern behutsam ins Haus zurückgeführt wurde.

Dieser rituelle Augenblick des Klagerufs und der Trost, den es bringen muß, Trauer mit solcher Liebe, solcher Wahrheit, solcher Endgültigkeit auszudrücken, sind der Grund für die

Bezeichnung dieses zweiten Tanzes, den Wovoka seinem Volk gab. Der Klagetanz war eine natürliche Folge des Geistertanzes der Anderen Welt, zu der der Verstorbene über die Brücke der Milchstraße reist.

Indianer glauben, daß ihre toten Verwandten, Freunde, Ahnen und Mitglieder ihres Volkes allgemein in der Geisterwelt leben und Kontakt mit den Dingen dieser Welt haben. Wenn die noch Lebenden die Geisterwelt durch den Geistertanz und den Trancezustand, den er hervorruft, erreichen, können Botschaften und geistige Führung der Toten ins Bewußtsein der Lebenden zurückgebracht werden.

Viele glauben, daß die beiden Welten sich sehr nahe stehen, daß sie sich überlappen und gegenseitig beeinflussen. 1855 brachte Häuptling Seathe (Seattle) diesen Glauben den weißen Unterzeichnern des Vertrages von Point Elliott gegenüber zum Ausdruck:

„Unsere Religion besteht aus den Traditionen unserer Ahnen, den Träumen unserer alten Männer, die ihnen vom Großen Geist eingegeben sind, und den Visionen unserer Häuptlinge und ist in die Herzen unseres Volkes geschrieben.

Jeder Teil dieses Landes ist meinem Volk heilig. Jeder Hügel, jedes Tal, jede Ebene und jeder Hain ist in längst vergessenen Tagen durch ein trauriges oder frohes Erlebnis meines Stammes geweiht worden . . .

Die Krieger, liebenden Mütter, frohherzigen Mädchen und sogar kleinen Kinder, alle die dort wohnten . . ., lieben diese stillen Plätze noch. Ihre tiefe Weite füllt sich zur Abenddämmerung mit den Schatten wiederkehrender Geister. Wenn der letzte Rote Mann diese Erde verlassen hat und die Erinnerung an ihn unter den Weißen zum Mythos geworden ist, werden die unsichtbaren Toten meines Stammes an diesen Ufern schwärmen. Wenn eure Kindeskinder sich allein glauben im Feld, im Speicher, in den Läden, auf den Überlandstraßen oder in der Stille der pfadlosen Wälder, werden sie nicht alleine sein . . .

Nachts, wenn die Straßen eurer Städte und Dörfer still sind, und ihr sie für leer haltet, werden sie von der wiederkehrenden Schar derer gedrängt voll sein, die dieses schöne Land einst bevölkerten und noch immer lieben.

Der weiße Mann wird nie allein sein. Möge er gerecht sein und mein Volk mit Nachsicht behandeln, denn die Toten sind nicht machtlos. Tote, sagte ich? Es gibt keinen Tod, nur einen Wechsel der Welten."

Damit sich die gerade Gestorbenen schnell zurechtfinden und die Geisterwelt sicher erreichen, werden sie durch die Gebete und Gesänge des Klagetanzes ermutigt, aufzubrechen. Um ihnen dabei behilflich zu sein, sich von den Bindungen dieser Welt zu lösen, wird ihr Eigentum zerstört, damit nichts Materielles sie zurückhält. Nach der Bestattung werden ihre Namen eine Zeitlang nicht erwähnt, aus Angst davor, daß, wenn sie ihre Namen hören, sie auf ihrer langen Reise schwach werden oder sogar so durcheinander geraten, daß sie zu uns zurückkehren und an diese Welt gekettet bleiben.

Der Tanz wurde fortgesetzt. Er sollte bis zur Morgendämmerung dauern. Beim ersten Licht drehten sich die Tänzer dann zum Feuer, hoben, was sie hielten, in die Höhe, wiegten es hin und her und warfen es in die Flammen. Alles war beendet, Gesang und Tanz hörten auf. Der Kreis löste sich auf, und alle gingen ins Haus. Auch ich schloß mich den Zuschauern an, die nun mit Kaffee und Essen bewirtet wurden.

Das nächste Mal als ich an einem Klagetanz teilnahm, wurde ich in den Kreis aufgenommen, um mit der Familie und Freunden der verstorbenen Frau zu tanzen. Ich tanzte die ganze Nacht lang. Die Schritte fielen mir irgendwie ‚wieder' ein. Dies war etwas, was ich schon immer gekannt hatte. Ich hatte kein getrenntes Dasein mehr. Ich war eins mit den Tänzern, mit der Erde, auf der wir tanzten, mit allen Kreaturen, denen, die noch hier waren, sowie denen, die ihre menschlichen Hüllen abgestreift hatten und vorausgegangen waren.

Der Stoff, den ich festhielt und mit den anderen Tänzern hob und senkte, war ein Teil der Kleidung der toten Frau, in

Streifen gerissen, damit er unter den vielen Anwesenden verteilt werden konnte, um am Ende des Tanzes im Feuer vernichtet zu werden.

Als ich mich bückte, um den Stoff aufzuheben, und meinen Platz im Kreis einnahm, sah ich, daß es Teil eines Kleides war. Hatte sie es bei einem freudigen oder traurigen Ereignis getragen? War es ein vertrautes, freundliches Kleid gewesen, das man im Hause trägt beim Saubermachen oder Brotbacken? Den Stoff zu halten, gab mir ein Gefühl der Nähe zu ihr.

Als ich mich zum Schluß mit den anderen drehte und den Stoff ins Feuer warf, verstand ich, daß damit auch Unglücklichsein verschwand, Fehler, Versagen, Pech, Bitterkeit und Schmerz, nicht nur von dieser Frau, sondern von ihrer Familie, ihrem Stamm, ihrem Land und der Welt. Es war ein Weg, die Menschheit von einigen ihrer schweren Lasten zu erlösen. Die Dahingehenden machen uns dieses letzte Geschenk. So wie sie teilten, was sie hatten, als sie hier lebten, teilen sie nun das reinigende Feuer mit uns, befreien uns, so daß wir unsere Reise auf dieser Erde fortsetzen, so wie wir ihnen helfen, sich zu befreien, um auf dem Weg der Toten zur Geisterwelt dahinzugehen.

Als ich an weiteren Klagetänzen teilnahm, kam ich langsam zu der Überzeugung, daß der alte Bestattungsritus ein guter ist, ein Trost für die Trauernden und die Freunde der Verstorbenen, die psychisch und physisch einen Anteil an seinem Weggang haben. Auch dient er dazu, die Lebenden enger miteinander zu verbinden. Ich fühlte mich meinen Brüdern und Schwestern und auch den Großvätern nach jedem Tanz näher. Es gibt zwischen den Lebenden und Toten nur eine sehr dünne Trennungslinie. Indianer glauben, daß direkte Verständigung mit der unsichtbaren Welt möglich ist, daß die Lebenden und die Toten in solcher Weise aufeinander angewiesen sind, daß diese wechselseitig beide Welten bewohnen.

Ich lernte auch, daß, obwohl der Gesang und die Tanzschritte dieselben bleiben, das Erlebnis innerhalb des Kreises je nach dem Leben und dem Charakter des Verstorbenen unterschiedlich ist. Sehr verschieden waren die sanften, klaren Schwingungen, die ich aufnahm, als ich für eine ältere Frau tanzte, die ein gütiges Leben geführt hatte, eine Quelle der Weisheit und der Stärke für ihr Volk gewesen war, von denen, die mich durchfluteten, als ich für einen Mann tanzte, der Alkoholiker gewesen war und böse endete, und wiederum anders waren die Schwingungen der schweren, belasteten Atmosphäre, die den Tod einer Frau begleitete, die — offensichtlich ermordet — in einem Graben aufgefunden worden war. Der Klagetanz ist ein tiefgchendes und unterschiedliches Erlebnis für diejenigen, die tanzen, und die, die singen.

Die Sänger sind meist ältere, hochgeachtete Männer, die sich an die alten Bräuche erinnern und ihre Gesänge einfach ‚haben'. Diese wurden von früheren Sängern überliefert, beim Fasten empfangen oder von der Geisterwelt in einer Trancevision von denen zurückgewonnen, die sie sangen, als sie noch auf dieser Welt weilten.

Einige Sänger unterrichten ihre Enkel und andere Jungen, die gewillt und fähig sind, sich dem Training zu unterziehen, und denen sie ihre Gesänge weitergeben wollen, bevor die Zeit für den letzten Gesang gekommen ist. Dieser Letzte Gesang ist eine persönliche Aussage, eine Zusammenfassung, eine Danksagung vor der Reise über die Milchstraße. Hartley Burr Alexander hat einen sehr eindrucksvollen davon übersetzt:

Laß es schön sein,
Wenn ich den letzten Gesang singe,
Laß es Tag sein.
Ich möchte auf meinen beiden Füßen stehen, singend,
Ich möchte mit meinen Augen hochblicken, singend,
Ich möchte, daß die Winde meinen Körper umschließen,
Ich möchte, daß die Sonne auf meinen Körper scheint.
Laß es schön sein,
Wenn Du mich töten möchtest, o Leuchtender,
Laß es Tag sein, wenn ich den letzten Gesang singe.

## 25

Tatanka-Ohitika, ein Medizinmann der Sioux, erzählte:

„Dann hatte ich einen Traum, und in meinem Traum erschien einer dieser kleinen runden Steine und sagte mir, daß der Schöpfer von Allem Wakan Tanka sei, und um ihn zu ehren, müßte ich sein Schaffen in der Natur ehren. Der Stein teilte mir mit, daß ich mich durch meine Suche würdig gezeigt hätte, übernatürliche Hilfe zu empfangen. Er lehrte mich auch, daß ich seinen Beistand erbitten könne, wenn ich Kranke heilte, und daß alle Kräfte der Natur mir helfen würden, eine Heilung herbeizuführen.

Mein ganzes Leben lang bin ich den heiligen Steinen treu geblieben. Ich habe nach ihren Bedingungen gelebt, und sie haben mir in allen meinen Schwierigkeiten geholfen. Ich habe, so gut ich konnte, versucht, mich dafür zu qualifizieren, mit diesen heiligen Steinen umzugehen, doch weiß ich, daß ich zu unwürdig bin, um Wakan Tanka anzusprechen. Ich richte meine Bitten an die Steine und sie sind meine Fürsprecher."

Als Kind wußte ich über Steine Bescheid. Sie waren meine besten Freunde. Ich sammelte sie, wo immer ich sie fand. Ich behielt sie in meinen Taschen oder legte sie unter mein Kopfkissen. Ich hielt sie in den Händen und rieb sie, während ich meinen täglichen Aktivitäten nachging. Ich sprach zu ihnen und wurde ermutigt oder getröstet.

Später lernte ich große Steinkreise wie Stonehenge kennen, als es noch verwahrlost war und es keine Zäune gab und ich zum Sonnenaufgang und zum Sonnenuntergang dorthinfahren konnte, dann der einzige Mensch dort war. Ich besichtigte auch andere Steinkreise in der Bretagne und kleinere auf der Insel Man. In den vergangenen Jahren habe ich diesen Kontinent, die Schildkröteninsel, ausgiebig bereist und habe viele heilige Steinformationen gesehen.

Früher legte ich meine Lieblingssteine in Kreise um mich herum und setzte mich in die Mitte, beschützt und glücklich. Dann entdeckte ich, daß andere Menschen schon längst darauf gekommen waren. Wohin ich auch reiste, gab es Kreise. Viele waren sehr alt, von Gebüsch oder Sand oder den Wurzeln der Bäume versteckt. Andere waren neuer, wirkten, als wären sie erst kürzlich entstanden. Oft muß man sie nur etwas säubern, um sie freizulegen. Einige enthielten das Kreuz der Vier Richtungen in ihrer Mitte, das an das Medizinrad erinnerte, das Rad der Schöpfung, das Rad des Tages.

Unser Wissen über die Kraft von Steinen ist sehr alt. Steine erscheinen in der Bibel und lange davor in heiligen Niederschriften, die uns erhalten blieben. Steinkreise werden in der *Rig Veda* erwähnt: „Ich setze diesen Kreis aus Steinen für die Lebenden, es ist ein Haufen, der dem Tod Abstand gebieten kann." Steine verkörpern die magischen Schwingungen der Welt der Minerale.

Ich erhielt meinen Heilungsstein, als ich in Wyoming war nach meinem ersten Fasten. Power Mans Sohn, ein Junge von ungefähr zwölf Jahren, lief mir eines Tages nach und gab ihn mir in die Hände. Ich hielt den Stein für einen Schatz, den er gerade gefunden hatte und mir zum Bewundern gab, aber als ich versuchte, ihn zurückzugeben, gab er zu erkennen, daß ich ihn behalten sollte, und ging fort.

Es war das einzige Mal, daß wir zusammen alleine waren. Ich sah ihn aus der Entfernung, hörte ihn aber nie mit jemandem sprechen. Er übte für den Adlertanz, und als ich ihn später in seinem authentischen, wunderbaren Kostüm auf- und niedergleiten sah, war er kein Junge, sondern ein Adler; ich war zutiefst bewegt.

Der Stein, den er mir gab, war dunkelrot wie der heilige Pfeifenstein, aber von einer anderen Beschaffenheit, von mineralischen Verfärbungen durchzogen. Er war rund, oben etwas oval, unten flach, zum Heilen von vollkommener Form; ein uralter Stein, früher von einem Medizinmann verwendet, dessen Schwingungen noch darin weilten. Er war durch vieles Reiben durch seinen Besitzer glattpoliert worden oder vielleicht durch andere Hände vor seinen, bis der Stein vor Kraft vibrierte.

Nun war er in meinen Händen, aber ich begriff nicht sofort, wie ich ihn anwenden konnte. Ich wartete darauf, daß Power Man ihn mir offiziell übergab. Ich hielt ihn vorerst für das Geschenk eines jungen Indianers, der ihn mir aus irgendeinem Grund geben wollte. Ich nahm ihn behutsam mit und tat ihn zu meinen anderen Schätzen. Ab und zu nahm ich ihn auf und hielt ihn in meinen Händen. Wenn er sich auch kühl anfühlte, brannten und prickelten meine Hände, wenn ich ihn hielt.

Alsbald bemerkte ich, daß, wenn ich ihn hielt oder eben an seinen Platz zurückgelegt hatte, jemand mit der Bitte um besondere Hilfe kam und anschließend immer das Gefühl hatte, daß ihm geholfen worden war. Nach einer Weile fing mir an klar zu werden, was die Großväter bewirken wollten. Der Stein enthielt die heilenden Kräfte der Mineralwelt sowie die Weisheit derjenigen Medizinmänner, die ihn benutzt hatten, und nun war ich, seine derzeitige Verwahrerin, dabei, meinen langsam größer werdenden Kanal den heilenden Kräften zu öffnen, die durch den Stein strömten.

Mit sanfter Beständigkeit wurde mir seine Benutzung beigebracht. Vorerst durch Betrachtung — in den Schwitzritualen, den Zeremonien und den Fasten —, dann durch Meditation über die Bedeutung dessen, was ich betrachtet hatte, und dann durch praktische Übung. Aber gelehrt wurde nie durch Informationsvermittlung in Klassen, Kursen, Unterricht oder überhaupt durch Sprache. Für einige von uns sind diese Wege anscheinend nicht die richtigen. Hier und da kam ein angedeuteter Hinweis von Power Man oder Eagle Man oder einer weisen Frau, aber ich mußte wachsam sein, um so etwas in alltäglichen Gesprächen zu bemerken. Ich war immer noch der Hoffnung, daß der richtige Zeitpunkt eintreten würde, zu dem mir vieles ausdrücklich beigebracht würde.

Ich glaubte, daß ich einen Medizinmann darum bitten sollte.

Tsaviayas Hütte war zu weit von meinem Wohnort entfernt, als daß regelmäßiger Unterricht hätte stattfinden können, und diejenigen, die dort schwitzten, waren Nicht-Indianern nicht sehr wohlgesonnen. Power Man hatte seine Besuche bei uns eingestellt. Wir mußten nach Wyoming reisen, um seinen Rat zu erhalten. Eagle Man wurde zunehmend mein einziger Medizinmann. Also beging ich den Fehler und fragte ihn.

„Ich hoffe, daß du bald anfangen wirst, mich zu unterrichten. Machst du das bitte?"

Er sagte nichts; ich begann erneut.

„Wenn die richtige Zeit da ist? Ich weiß, daß ich dessen nicht würdig bin, aber ich habe das Verlangen, zu lernen."

Er sah mich fragend an.

„Was willst du?"

„Lernen, wie ich eine Medizinfrau werde."

„Ich kann dir nicht helfen. Niemand kann dir helfen."

Aus Rücksicht auf meine Dummheit fügte er hinzu: „Du hast alles, was du brauchst. Hast deine Pfeife, hast das Fasten hinter dir, du hast deinen Stein, hast deine Federn."

Ich hatte ihm nie etwas von dem Stein erzählt, hatte gewartet, bis er oder ein anderer ihn mir zusprach und mir seine Anwendung beibrachte. Ich hatte ihm nichts von den Federn erzählt, die mir auf besonderen Wegen zugekommen waren, als Geschenke dankbarer Menschen oder nach einer Pfeife mir vom Wind vor die Füße geweht, Federn des kleinen Adlers und des Rotschwanzhabichts. Ich hatte zögernd begonnen, sie anzuwenden, wie den Stein auch, aber immer im Sinne von jemandem, der erst für den Ernstfall übt.

„Der Rest", sagte er fast ungeduldig, weil er Dinge mit Worten erklären mußte, die selbstverständlich waren oder am besten unausgesprochen bleiben sollten, „ist deine Sache."

Es gab ein langes Schweigen. Dann kam sein seltenes, warmes Lächeln und er legte mir die Hand auf die Schulter.

„Du machst es schon richtig. Nur weitermachen. Wir müssen alle weitermachen." Er fügte hinzu: „Du hast alles, was du brauchst."

Als wir sprachen, dachte ich mir, daß andere eine genauere, abgerundete Ausbildung erhielten, daß es Hütten mit einem höheren Wissensgrad gab als die, der ich beiwohnte. Aber solche waren wohl nur besonders erlesenen Menschen zugänglich, Nachfahren von Medizinmännern und Heiligen oder solchen, deren Fastenvisionen den .ltesten auffielen. Ich war spät im Leben zu der indianischen Lebensweise gekommen, wurde als Nicht-Indianerin betrachtet und könnte nie eine der Auserlesenen sein. Auch wußte ich, daß es stimmte, ich hatte alles, was ich brauchte, erhalten, so viel mehr, als ich erträumt hatte, als ich meine ersten Schritte zur Schwitzhütte unternahm.

Nach diesem Gespräch verstand ich, daß Unterricht auf dieser Ebene hilfreich sein kann, aber nicht das Wichtigste ist. Der Weg der Entwicklung ist der Weg der Verpflichtung, des Tuns und des Zuhörens. Der wirkliche Unterricht wird von den Großvätern in uns abgehalten. Langsam und sicher wächst die innere Weisheit. Auf diesem Weg mag es schwieriger sein, aber ES FUNKTIONIERT.

## 26

Der Tag kam, als Eagle Man den Nicht-Indianern den Zugang zu seiner Schwitzhütte verwehrte. Da er geschworen hatte, eine Schwitzhütte für alle Menschen ohne Rücksicht auf ihre Hautfarbe zu führen, ging er einen Kompromiß ein, indem er erklärte, daß Weiße gelegentlich kommen dürften, aber nur als Besucher oder im Krankheitsfall, um Heilung zu erfahren. Das war genauso wie zu erklären, daß Menschen ihre Kirchen nur ab und zu oder auf einer Bahre besuchen dürfen. Die kleine Gruppe, die seit Jahren wöchentlich und öfter die Schwitzrituale mitgemacht hatte, fand das unfaßlich. Sie hatten wahrgenommen, ohne es zu akzeptieren, wie der Druck der Indianer auf Eagle Man zunahm, die Nicht-Indianer zu vertreiben, aber die mit den lautesten Stimmen kamen selten zum Schwitzen und hatten ihn nicht unterstützt, als er seine Hütte gründete. Von Anfang an war es eine kleine harmonische Gruppe von einigen Weißen gewesen, die sich den Indianern anschlossen und ‚hinter ihm standen'. Die Schwitzhütte war ein Teil ihres Lebens geworden, und sie hatten ihr treu gedient. Sie hatten viel für die Gemeinschaft getan, vielleicht zu viel. Jetzt wurden sie dank ihrer Hautfarbe verbannt, von ihrem Medizinmann abgeschnitten, wie von ihrer Schwitzhütte und ihren Freunden.

Sie hatten sich für Bestandteile der Schwitzhütte gehalten. Einer von ihnen war Eagle Mans Adoptivsohn, einer war sein Sänger, andere waren Türhüter gewesen. Ein anderer war seine anerkannte ‚rechte Hand', reiste mit ihm und half ihm, Schwitzhütten zu gründen. Zwei der Männer und zwei Frauen hatten Pfeifen erhalten. Einige waren chronisch krank und brauchten regelmäßiges Heilendes Schwitzen. Jetzt gab es keinen Ort mehr, an den sie sich wenden konnten.

Ironisch war, daß wir gebetet und dafür geschwitzt hatten,

daß immer mehr von Eagle Mans Indianern sich zu ihm bekennen mochten, um in ihm den starken und weisen Anführer zu erkennen, den sie suchten. Wir hatten auf einmal den Eindruck, lediglich die Plätze für diejenigen warmgehalten zu haben, die eines Tages dort sitzen sollten und es auch würden. Es war uns nicht im Traum eingefallen, daß, wenn sie tatsächlich kamen, die Schwitzhütte für uns Nicht-Indianer gesperrt würde.

Wir waren lange überrascht und verletzt von der zunehmenden Kälte alter Freunde. Bevor sich das politische Klima geändert hatte, teilten wir alles miteinander, hielten zusammen Schwitzrituale zum Sonnenaufgang ab, feierten gemeinsam Erntedankfeste, veranstalteten Versammlungen aus besonderen Anlässen. Wir hatten im Gemeinschaftshaus gegessen und geschlafen, unser Lachen miteinander geteilt, uns gegenseitig einige unserer ergreifendsten Erlebnisse erzählt. Jetzt begegneten wir peinlichen Blicken, kaltem Schweigen und völliger Distanzierung. Trotzdem glaubten wir noch immer, daß dies eine vorübergehende Änderung des politischen Klimas wäre, daß es sich wieder umkehren würde, wenn wir nur geduldig warteten. Die weiße Rasse hatte so etwas ja eigentlich verdient, aber ‚nicht wir', dachten wir ein wenig selbstzufrieden hinzu, denn wir waren ja eindeutig anders. Den Indianern war dies offenbar gar nicht so eindeutig. Daß hat uns wohl am meisten wehgetan. Aber wir glaubten an die Lehren der Krieger des Regenbogens.

„Wie die großen Indianer alter Zeiten werden sie Einheit, Liebe und Verständnis unter allen Menschen lehren. Sie werden nicht mehr auf die kleinen Menschen hören, die sagen, sie alleine besitzen die Wahrheit, sondern werden sehen, daß Er Der Alle Anhört zu groß für Kleinlichkeit ist, zu sehr mit Gerechtigkeit erfüllt, um nur ein selbstauserwähltes Volk anzunehmen, zu frei, um von einem Intellekt eingesperrt zu werden. Stattdessen werden sie die anhören, welche die Harmonie unter allen Menschen lehren, so wie auch der Wind ohne Begünstigung in alle Winkel der Welt weht."

Das waren die Worte zeitgenössischer Indianer. Sicherlich würden sie sich durchsetzen und auch für die Schwitzhütte Gültigkeit bekommen, die jetzt in solchem Maße Teil von uns war.

Ich war nicht da, als Eagle Man seine Weißen zu sich rief, um ihnen ihre ‚Entlassung' zu verkünden. Ich befand mich in einem Auftrag im Osten. Als ich sie wiedersah, hatten sie sich versammelt, um sich gegenseitig zu trösten und die Scherben ‚nach dem Erdbeben' aufzulesen, wie es einer ausdrückte. Sie erzählten mir, was passiert war und wie sie sich untereinander gestritten und diesem und jenem die Schuld für das veränderte Verhalten von Eagle Man zugeschoben hatten. Bittere Dinge wurden gesagt, und manche der Leute weigerten sich eine Zeit lang, Kontakt miteinander zu haben.

Sie wollten meine Meinung wissen. Wer hatte die Schuld? Ich sagte, daß neben der offensichtlichen karmischen Lektion von Rassentoleranz und Bruderschaft, die die Weißen lernen müssen, uns auch der Teppich der Selbstzufriedenheit sowie der Selbstverständlichkeit des Segens der Schwitzhütte unter den Füßen weggezogen worden war. Sie stimmten dem zu, aber einer sagte zu mir: „Für dich ist es anders. Du kannst immer noch hingehen. Dich akzeptieren sie immer."

Ich antwortete: „Mag sein, aber ich kann weder eine Schwitzhütte noch eine andere Gruppe akzeptieren, die rassistisch ist."

Was besprachen wir nicht alles. Ich äußerte die Meinung, daß dies ein Hinweis der Großväter sein könnte, aus keinem Anlaß auf dem Wege zum Licht stehenzubleiben. Menschen mit gemischtem Blut, und das ist die überwiegende Mehrzahl derjenigen, die diesen Kontinent Schildkröteninsel bevölkern, sollten verschiedene Wege einschlagen, um zur Mitte zu gelangen, nicht nur einem einzigen Weg folgen. Das Karma von Rasse und Herkunft verpflichtet und befähigt uns, viele Stationen des Weges zu passieren, Glaubensrichtungen und Disziplinen und von allem das Beste aufzunehmen, das Wahre, um das, was wir verschenken, zu bereichern. Wir sind dazu bestimmt, Brücken zu sein, Übersetzer und — auch wenn das Wort wehtut — Besucher.

„Ich muß Teil davon sein“, erklärte der Adoptivsohn.

„Ich weiß, aber die Zeit scheint gekommen zu sein, Eagle Man von der Last, uns tragen zu müssen, zu befreien, von der Last, dafür verantwortlich zu sein, was wir mit unseren Pfeifen machen, davon, unsere Hilfe annehmen zu müssen und auch von der Entfremdung seines Indianervolkes wegen uns. Vielleicht sollten wir für alles, was er uns gegeben hat, danken, für alles, was wir gelernt haben. Wir müssen ihn lieben und loslassen.“

Es herrschte bedrücktes Schweigen, dann sagte der Sänger traurig:

„Ich hielt ihn für meinen engsten Freund. Wir haben soviele Orte gemeinsam besucht, soviel zusammen getan, drei Jahre lang.“

„Ich weiß.“ Und es stimmte. „Er war elf Jahre lang mein Freund und ist mein Fastenbruder. Er ist noch immer unser Bruder, obwohl wir nicht verstehen, was er durchmacht.“

„Er sieht schlimm aus.“

„Er braucht unsere Hilfe, aber nicht in der Art wie bisher. Wir müssen versuchen, ihm und den anderen Energie zuströmen zu lassen. Wir haben wahrscheinlich keine Ahnung davon, wie es sich als Indianer anfühlt, in eine Schwitzhütte zu kommen und dort einen Haufen Weiße vorzufinden! ‚Hier also auch!‘ denkt sich der Indianer, ‚können wir denn nirgendwo ohne die sein? Und nun übernehmen die wahrscheinlich auch noch die Leitung. Das machen sie immer.‘ Auch wenn wir nichts von dem tun, wofür sie Weiße nicht mögen, auch wenn wir aufrichtig demütig und liebevoll sind, irritieren wir sie. Wahrscheinlich irritiert sie unsere Freundschaft am meisten.“

Sie hörten schweigend zu, hier und da nickte jemand verständnisvoll, aber die Situation quälte sie trotzdem weiter.

„Wollen wir es als Prüfung ansehen“, schlug ich vor. „Es muß eine sein, für jeden von uns. Kein Übelnehmen, kein

Selbstmitleid, kein gekränkter Stolz. Es ist eine verdammt harte Prüfung, aber alles, was wir für ihn und für uns tun können, ist, sie so gut wie möglich zu bestehen."

Jemand meinte erneut: „Für dich ist es anders." Und ein anderer: „Du mußtest nicht dabei sein, als er uns zu sich zitierte."

„Was habt ihr als erstes getan, nachdem er es euch sagte?"

„Wir gingen raus, setzten uns unter einen Baum und beteten für ihn. Er bat uns darum."

„Ich glaube, das sollten wir oft tun."

„Was tun?"

„Unter einem Baum sitzen und eine Stimme senden für ihn und für sein Volk und für uns."

Ich erzählte ihnen nicht, daß ich meiner eigenen Prüfung am Tag zuvor begegnet war und innerlich noch immer unter dem Schock taumelte, der mir versetzt worden war. Auch sagte ich nicht, daß Eagle Mans letzte Worte an mich gewesen waren: „Geh und kümmere dich um die Leute."

## 27

Ich war an jenem Morgen etwas aufgeregt zu Eagle Man gegangen, um von meinem letzten Auftrag zu berichten, bei dem interessante Dinge passiert waren, die er gerne hören würde. Ich traf ihn alleine im Wohnzimmer seines kleinen Hauses. Es war nicht viel größer als eine Bergarbeiter-Hütte, besaß aber die magische Fähigkeit, sich zu vergrößern oder zu verkleinern, um bequem und mit warmer Gastfreundschaft die wenigen oder vielen aufzunehmen, die sich um ihn scharten, Rote und Weiße, aber wohl öfter die Weißen.

Seine Frau war weise und schön, die Mutter von zehn Kindern, Adoptivmutter für viele weitere. Sie strahlte Liebe aus. Dies war der Ort, zu dem wir alle kamen, um die Höhe- und Tiefpunkte unseres Lebens zu teilen, und ich muß wohl fröhlich und mit ausgestreckten Händen hereingehüpft sein.

Er nahm sie nicht. Er lächelte nicht, er sah mich nicht an. Sein Gesichtsausdruck war angespannt und grimmig, das Gesicht eines feindseligen Fremden. Als er sprach, war seine Stimme rauh und laut.

„Was ich sage, wirst du nicht mögen. Ich werde dir auf die Zehen stampfen. Gib mir deine Pfeife. Du hast sie mißbraucht."

Hätte er mich mit einem Speer durchbohrt, hätte mein Schock nicht größer sein können. Ein scharfer Schmerz durchstach meine Körpermitte. Ich war gegen eine psychische Verletzung nicht gewappnet, nicht an diesem Ort, nicht von diesem Mann. Ich hatte mir nie vorgestellt, vor Eagle Man Schutz zu benötigen. Benommen starrte ich ihn an.

Er brüllte: „Gib mir deine Pfeife!"

„Warum?" fragte ich.

„Geht dich nichts an, warum! Du hast sie falsch benutzt. Du hast damit angegeben."

Da stiegen Wut und Empörung in mir auf. Ich vergaß, daß man einen Medizinmann weder unterbrechen noch ihm widersprechen darf. Ich fand eine Stimme, um zu protestieren:

„Das stimmt nicht!“

„Streite nicht“, sagte er heftig, „sondern gib mir deine Pfeife.“ Er sprach mit Haß und Bosheit! Mein Freund, mein Fastenbruder, mein Medizinmann! Derjenige, der von allen am besten wußte, was mir die Pfeife bedeutete.

Er kam auf mich zu, übermächtig und bedrohlich. Jegliche Gefühle von Sicherheit und Wohlsein waren von diesem vertrauten Ort verschwunden. Es war nur noch eine Schlucht der Gewalt und des Schreckens, in die ich fallen würde, wenn ich ausgeblutet war . . . Ich vergaß sogar, die Großväter um Hilfe anzuflehen. Ich dachte an gar nichts, aber von irgendwo weit entfernt richtete sich ein Funken von Stärke in mir auf und ließ mich sagen:

„Nein. Ich gebe dir meine Pfeife nicht.“

Nicht so, nicht in Haß und Verachtung.

Ich dachte, er würde zuschlagen, und versuchte, mich verspätet zu schützen. Aber es war dennoch zu spät, um die furchtbaren Zweifel abzuwehren, die in mich hineinströmten. Hatte ich die Pfeife mißbraucht? Hatte ich versucht, etwas Eigennütziges zu bekommen, um das ich nicht hätte bitten dürfen? Hatte ich vor anderen angegeben? Ich glaubte es nicht und fand weitere Stärke, um zu sprechen.

„Ich kann dir meine Pfeife nicht geben. Sie gehört mir nicht. Sie gehört dem Großen Geist.“

Seine Miene veränderte sich. Etwas mir Vertrautes kehrte zurück von wo immer es gewesen sein mochte. Seine Augen waren fast wieder die Augen, die ich kannte. Ich sprach sie an, während ich blutete, weiter blutete, mit zitterndem Atem . . .

„Du hast meine Pfeife gemacht, und ich werde dir dafür immer dankbar sein, aber du hast sie mir nicht gegeben. Power Man gab sie mir. Er hat sie in seiner Schwitzhütte gesegnet.“

Dies schien ihn wieder wütend zu machen.

„Mich interessiert nicht, was Power Man getan hat! Gib mir deine Pfeife!“

„Ich kann es nicht“, flehte ich, weil er das einfach verstehen mußte, „ich kann sie nicht weggeben, weil sie mir nicht gehört.“

Ich schloß die Augen. Mir war schwindelig. Ich fürchtete sogar, ohnmächtig zu werden, doch ich zwang meine menschliche Hülle, weiterhin gerade und aufrecht vor ihm zu stehen. Schweigen herrschte zwischen uns. Eine Reihe von Bildern erschien vor meinen geschlossenen Augen: Eagle Man in sein blaues Handtuch gewickelt, dabei, zwei Eimer Wasser zur Schwitzhütte zu bringen, nickend, lächelnd, der ganzen Welt gegenüber zugetan; Eagle Man vor dem Altar kniend, seine Pfeife füllend, ein Anblick von würdevoller Demut; Eagle Man beim Versiegeln meiner Fastenhütte; Eagle Man zum Himmel zeigend, wo über uns der kleine Adler kreiste, mir sagend, daß es meiner wäre — in dem Augenblick hatte ich die stille Verständigung vernommen, aber sie wird mir auch oft entgangen sein. War dieser Schrecken, der sich über mich ausgebreitet hatte, das Ergebnis mangelnder Verständigung über lange Zeit hinweg? Eagle Man, an dessen Heilung ich mitgewirkt hatte, dem ich assistiert hatte, mit dem ich gereist war; Eagle Man, den ich liebte und dem ich vertraute, so wie ich angenommen hatte, daß er mich liebte, mir vertraute.

Ich hörte, wie meine Stimme wieder unsicher protestierte.

„Ich habe meine Pfeife nicht mißbraucht. Ich habe sie nicht eigennützig gebraucht und nicht, um anzugeben. Sie ist heilig. Ich sage dies dir und den Großvätern.“

Mit einem Willensakt zwang ich mich, ihn anzusehen, und wir standen uns fragend gegenüber. Im Raum hatte sich etwas verändert. Ich erkannte, daß er mir glaubte. Etwas sanfter sagte er:

„Geh und hol die Pfeife.“

Ich wartete noch einen Augenblick, bis mir meine Knie wieder besser gehorchten, dann wankte ich zur Tür und ging in Richtung meines Autos. Alles war noch unscharf. Die Entfernung schien immens, der Erdboden wirkte fremdartig, ich ging wie durch ein zähes Meer aus Schlamm. Beim Gehen fiel mir ein Tag vor langer Zeit ein, als Eagle Man von sich erzählte, vieles erzählte — eins hatte ich bis zu diesem Augenblick vergessen —, daß Power Man einmal ‚wütend wurde' und seine Pfeife verlangt hatte, und daß er widerstanden und sich geweigert hatte, sie ihm zu geben. Sie stammte von einem anderen, älteren Medizinmann.

„Und wenn dieser Mann sie verlangt hätte?" hatte ich gefragt.

„Dann hätte ich sie ihm geben müssen. Das wäre im Ernst gewesen." Er hatte den Schmerz beschrieben, seine Zweifel und Verzweiflung, die Zurückweisung und unter ihm das Öffnen ‚einer Felsschlucht', wie er es nannte.

Jetzt hatte er an mich weitergegeben, was Power Man ihm damals angetan hatte. Hätte Power Man mir die Pfeife abverlangt, wäre es ‚im Ernst' gewesen und aus guten Gründen. Dies war es demnach nicht. Es war also eine Prüfung. Ich begann zu verstehen.

Ich kletterte ins Auto, holte die Salbeischale heraus und rauchsegnete mich. Dann sendete ich eine Stimme um Hilfe und um Rat. Es gab ein Indianergebet, das ich liebte. Jetzt sprach ich es:

„Vater, eine Bedürftige steht vor dir. Ich, die singt, bin es."

Nach einer Weile des Sammelns, des verspäteten Rüstens, ging ich langsam zurück. Er stand dort, wo ich ihn verlassen hatte, mitten im Raum. Wir sahen einander an. Ich erkannte, daß er wußte, was ich am Auto getan hatte. Ich sah, daß er mir glaubte, es vielleicht die ganze Zeit über getan hatte. Ich nahm die Pfeife aus ihrer Tasche und überreichte sie ‚in heiliger Weise'.

Er nahm sie rituell entgegen. Dann wischte er mit einem langen Salbeizweig, der auf dem Tisch bereitgelegen hatte, über die Pfeife und rauchsegnete sie mit einem glimmendem Süßgrasbüschel. Er gab sie mir wieder und zeigte auf die Tasche. Diese rauchsegnete er auch, nahm die Pfeife und tat sie hinein und band die Endschnüre in der besonderen, symmetrischen

Art zusammen, die ich nie gemeistert hatte.

Dann richtete er sich auf und lächelte.

„Nun“, sagte er, „du hast deinen Teil getan.“

Aber zusammen mit dem Verständnis kam Traurigkeit auf. Als er die Pfeife rauchsegnete, hatte er auch die Verbindung zwischen uns zerschnitten. Etwas war aufgelöst worden, das nie wieder hergestellt werden könnte. Meine Pfeife hing nicht mehr ‚unter Eagle Mans Pfeife‘. Dies war also das ‚Abschluß-zeremoniell‘, eine lange erarbeitete Errungenschaft, aber zugleich eine harte und einsame.

Ich sagte, was noch zu sagen war:

„Hab Dank für alles, was du getan hast, und für alles, was ich gelernt habe, und für das Segnen dieser Pfeife und ihre Reinigung von meinen Fehlern.“

Seine Frau kam aus der Küche, wo sie wohl alles gehört haben mußte und vielleicht für uns gebetet hatte. Sie begrüßte mich herzlich und sah mich besorgt an.

„Nimm Platz und trink einen Kaffee.“

Ich erwiderte, daß ich gehen müßte. Ich sagte: „ein anderes Mal“, denn ich wollte, daß sie wußten, daß ich wiederkommen würde.

„Richtig so“, sagte Eagle Man, „geh und kümmere dich um die Leute.“

Wir umarmten uns und ich ging weinend hinaus.

Abends nahm ich die Pfeife den Berg hinauf, um am Bach zu rauchen. Dort weinte ich wieder. Aber nach einer Weile stopfte ich sie mit dem Tabak, den mir Eagle Man gegeben hatte, und hielt sie mit dem Stiel nach oben den Sternen entgegen.

„Großes Wesen, ich sende eine Stimme . . .“

Dann begann ich zu rauchen, und alles rauchte mit mir.

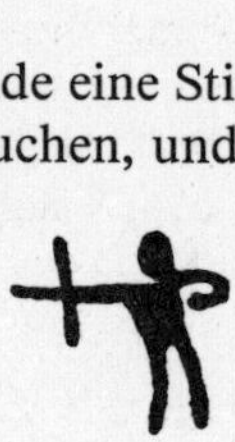

## Epilog

Viele Jahre später kehrte ich zu Eagle Mans Schwitzhütte zurück, und ab und zu gehe ich dorthin, wenn die Zeit dafür richtig ist. Einige der weißen Gruppe sind auch zurückgekehrt. Eagle Man sagte, es wäre „wie in alten Zeiten", aber bereits als er es sagte, wußten wir, daß das nicht möglich war. Türen zwischen uns waren geschlossen worden, neue Türen geöffnet. Dennoch waren wir wieder da, saßen in der Runde und würden auch irgendwann als Besucher wiederkommen.

Die Großväter verstehen die Absicht. Wenn Sie auch manchmal enttäuscht sind oder belustigt über die merkwürdigen Kanäle, die Ihnen angeboten werden, versagt Ihre Höflichkeit nie. Sie vergewissern uns durch Zeichen und Geräusche, daß wir nicht alleine sind; einmalig, aber nicht alleine.

Je mehr wir das ausüben, was wir gelernt haben, um so mehr gebrauchen wir all das, was der Große Geist uns gegeben hat, um im Dienst und zur Heilung anderer verwendet zu werden. Je mehr wir unser Wissen leben, um so mehr erkennen wir, daß Wakan Tanka, das Große Geheimnis, seinen Kindern verborgene Kräfte gegeben hat. Wenn wir Harmonie und Freude herbeiwollen würden, könnten wir alle Medizinmänner, Medizinfrauen und Medizinkinder sein, berufen, uns gegenseitig zu umsorgen, berufen, bei kleinen und großen Mißständen zu helfen, und besonders berufen, die Wunden unserer Mutter Erde zu heilen und ihre Verschmutzung zu bereinigen.

Großer Geist,
dessen Stimme wir im Wind vernehmen,
dessen Atem der Welt Leben gibt,
wir möchten wieder herstellen,
was Habsucht der Erde genommen hat.

Großer Geist,
wir sind blind und taub.
Öffne deine Augen in uns,
daß wir sehen mögen,
öffne deine Ohren in uns,
daß wir Mitgefühl haben mögen
mit der Erde,
mit unserer Mutter Erde.

Großer Geist,
mögen unsere Füße sanft gehen,
mögen unsere Hände sie achten,
mögen wir die Lehren lernen,
die sind in jedem Blatt, in jedem Stein.
Möge unsere Kraft die Erde wieder herstellen.

Großer Geist,
wenn wir im Angesicht des Sonnenuntergangs stehen,
wenn wir angehen, den Letzten Gesang zu singen,
möge es uns nicht beschämen,
wenn wir singen
‚in Schönheit ist es vollendet,
in Schönheit ist es vollendet!'

# Magisches Denken

Das Hexenbuch
11806

Alan Bleakley
Früchte des Mondbaumes
11785

Harold A. Hansen
Der Hexengarten
11784

Schenk / Kalweit
Heilung des Wissens
11805

Joan Halifax
Die andere Wirklichkeit
der Schamanen 11756

Sergius Goldwin
Die weisen Frauen
14004

**GOLDMANN**

# Spirituelles Erwachen

Darshan Singh
Spirituelles Erwachen
11809

Herman Weidelener
Die Götter in uns
11802

Eugene G. Jussek
Begegnung mit dem
Weisen in uns 11765

Dalai Lama
Ausgewählte Texte
11803

Herman Weidelener
Abendländische
Meditationen 11782

Satprem
Der Mensch hinter
dem Menschen 11754

**GOLDMANN**